兰州大学教材出版基金资助

兰州大学中央高校基本科研业务费专项资金文科振兴计划B类团
克思主义法治理论基本原理同中华优秀传统法律文化相结合的
号：2024lzujbkyqm012）资助

中国特色社会主义法治理论概论
（第二版）

ZHONGGUO TESE SHEHUIZHUYI FAZHI LILUN GAILUN

迟方旭　主编

王志豪　王新博　副主编

兰州大学出版社
LANZHOU UNIVERSITY PRESS

图书在版编目（CIP）数据

中国特色社会主义法治理论概论 / 迟方旭主编.
2 版. -- 兰州：兰州大学出版社，2025. 2. -- ISBN
978-7-311-06834-9

Ⅰ. D920.0

中国国家版本馆 CIP 数据核字第 2025E7U562 号

责任编辑　王颢瑾
封面设计　汪如祥

书　　名　中国特色社会主义法治理论概论（第二版）
作　　者　迟方旭　主编
出版发行　兰州大学出版社　（地址：兰州市天水南路222号　730000）
电　　话　0931-8912613(总编办公室)　0931-8617156(营销中心)
网　　址　http://press.lzu.edu.cn
电子信箱　press@lzu.edu.cn
印　　刷　甘肃发展印刷公司
开　　本　710 mm×1020 mm　1/16
成品尺寸　170 mm×240 mm
印　　张　10.75
字　　数　189千
版　　次　2025年2月第2版
印　　次　2025年2月第1次印刷(累计2次印刷)
书　　号　ISBN 978-7-311-06834-9
定　　价　49.00元

修订说明

本书对党的十一届三中全会以后、十三届四中全会以后、十六大以后的内容梳理与总结已基本成熟，但党领导法治建设是一个不断发展成熟的过程，鉴于第一版出版已两年有余，确有根据党的二十大精神和习近平法治思想的新发展对本书进行修订的必要。

首先，在第一章中国特色社会主义法治理论概述部分，增补"中国特色社会主义法治建设进入新时代"小节，主要增补内容为党的二十大关于坚持全面依法治国的新要求；其次，在第五章习近平法治思想部分，对第一节"习近平法治思想的核心要义"进行增补，增补部分涉及本节的十一个小节，增补内容主要是2021年之后党关于法治建设的新提法和新要求，以及党的二十大报告中涉及相关领域的新内容；最后，在第五章习近平法治思想部分，对第二节"习近平法治思想对中国特色社会主义法治理论的创新和发展"进行增补，增补部分涉及本节的十一个小节，增补涉及习近平法治思想自2022年以来在创新和发展中国特色社会主义法治理论方面的内容。

总体而言，增补内容严格围绕党的二十大重要精神和习近平法治思想的有关内容展开。在修订增补工作中，编写组秉持科学严谨、与时俱进的修订理念，采用学习、研究、探索、总结的编写修订思路，继续采用对党的重要会议精神和习近平总书记的重要讲话进行原文引用并加以分析的方式，确保内容的科学性和时效性，确保本书能够真正实现法治理论宣传和学科教育的目的。

本书编写组

2024 年 12 月

前　言

　　中国特色社会主义法治理论是马克思主义法学思想和中国特色社会主义理论体系的重要组成部分,是马克思主义法学思想中国化和中国特色社会主义理论体系在法治问题上的理论成果,是中国特色社会主义法治建设的学理支撑、理论指导和行动指南,是包括邓小平民主法制思想,实行依法治国、建设社会主义法治国家的思想,实行依法执政、建设社会主义法治国家的思想,以及习近平法治思想在内的一系列重大法治战略思想的科学思想体系。

　　本书的编写积极响应习近平总书记在中央全面依法治国工作会议上对当前和今后一个时期推进全面依法治国重点要抓好的工作提出的十一个方面的要求和《中央宣传部、司法部关于开展法治宣传教育的第八个五年规划(2021—2025年)》,在立足大量党和国家领导人重要文献和讲话精神的基础上,经过多次理论研讨和内容修改,最终形成对包括邓小平民主法制思想,实行依法治国、建设社会主义法治国家的思想,实行依法执政、建设社会主义法治国家的思想,以及习近平法治思想在内的中国特色社会主义法治理论的完整论述,并在充分整理不同时期中国特色社会主义法治理论的主要内容的同时,对其特点和意义进行详细分析。同时,本书的编写采用了文献整理、文义分析、概念总结、体系论述等方式,将中国特色社会主义法治理论的深刻内涵专著化、教材化,以帮助学者、学生更好地理解和学习中国特色社会主义法治理论。

　　本书主编迟方旭,主要负责第一章和第四章第二节的撰写工作和统稿工作,同时对书稿的总体框架、写作思路和修订工作进行了全面把握,并对每一章节中的具体理论观点进行了总结归纳,特别是在习近平法治思想对中国特色社会主义法治理论的创新和发展部分,针对习近平法治思想的十一个方面具体提出了创新发展之处，具有重要的理论和学术价值，也具有一定的参考和借鉴意义。副主编王志豪，主要负责第二章、第三章以及第五章总计7万余字的编写任务、修订工作和部分校对工作。副主编王新博，主要负责第四章第一节总计2万字的编写任务和全文校对工作。

目 录

第一章　中国特色社会主义法治理论概述

中国特色社会主义法治理论是马克思主义法治理论和中国特色社会主义理论体系的重要组成部分，是马克思主义法治理论中国化和中国特色社会主义理论体系在法治问题上的理论成果，是中国特色社会主义法治建设的学理支撑、理论指导和行动指南，是包括邓小平民主法制思想，实行依法治国基本方略、建设社会主义法治国家的思想，实行依法执政基本方式、建设社会主义法治国家的思想，以及习近平法治思想在内的一系列重大法治战略思想的科学思想体系。它反映了我们党对共产党执政规律特别是依法执政规律、社会主义建设规律特别是法治建设规律、人类社会发展规律特别是法治发展规律的重大认识。它先后经历了邓小平民主法制思想，实行依法治国基本方略、建设社会主义法治国家的思想，实行依法执政基本方式、建设社会主义法治国家的思想，习近平法治思想四个重要历史发展阶段。目前，中国特色社会主义法治理论正处于习近平法治思想发展阶段之中，并且表现出不断深入和成熟的现实状态。

第一节　中国特色社会主义法治建设的历程

中国特色社会主义法治建设是在中国共产党领导中国人民建立新中国、取得社会主义革命和建设伟大成就以及探索社会主义建设规律取得宝贵经验的基础上进行的。新民主主义革命的胜利、社会主义基本制度的建立以及其中的新民主主义法制建设和社会主义法制建设的初步探索，为中国特色社会主义法治建设奠定了根本政治前提和制度基础。同时，毛泽东法律思想为中国特色社会主义法治建设提供了重要的理论渊源。

一、中国特色社会主义法治建设的开端

中国特色社会主义法治建设始自党的十一届三中全会。1978年12月22日，党的十一届三中全会作出了"把全党工作的着重点和全国人民的注意力转移到社会主义现代化建设上来"①和"必须加强社会主义法制"②重大战略决策，中国特色社会主义法治与中国特色社会主义自此同时起步。1982年9月1日，党的十二大报告指出，自党的十一届三中全会以来，党"大力推进社会主义民主和社会主义法制的建设"③，"法制建设的成就是显著的"，"在党的领导下，国家相继制定了刑法、刑事诉讼法、民事诉讼法（试行）、新的婚姻法等一系列重要法律"④，"社会主义的民主和法制正在逐步健全"⑤；报告还指出，"今后，我们党要领导人民继续制订和完备各种法律，加强党对政法工作的领导，从各方面保证政法部门严格执行法律。在这同时，要在全体人民中间反复进行法制的宣传教育"，"努力使每个公民都知法守法"，"特别要教育和监督广大党员带头遵守宪法和法律"⑥。1982年12月4日，五届全国人大五次会议通过宪法，我国社会主义"法制建设进入一个新的阶段"⑦。1987年10月25日，党的十三大报告指出，在党的十一届三中全会和经由党的十二大的九年时间以来，"社会主义民主和法制的建设逐步发展"，"以宪法为基础的社会主义法律体系初步形成"，法制教育也在"全社会范围

---

① 中共中央文献研究室：《三中全会以来重要文献选编》（上），中央文献出版社，2011，第3-4页。

② 中共中央文献研究室：《三中全会以来重要文献选编》（上），中央文献出版社，2011，第9页。

③ 中共中央文献研究室：《十二大以来重要文献选编》（上），中央文献出版社，2011，第10页。

④ 中共中央文献研究室：《十二大以来重要文献选编》（上），中央文献出版社，2011，第29页。

⑤ 中共中央文献研究室：《十二大以来重要文献选编》（上），中央文献出版社，2011，第6页。

⑥ 中共中央文献研究室：《十二大以来重要文献选编》（上），中央文献出版社，2011，29页。

⑦ 中共中央文献研究室：《十二大以来重要文献选编》（上），中央文献出版社，2011，29页。

内广泛展开"①；报告要求从社会主义初级阶段的实际出发，"必须以安定团结为前提，努力建设民主政治"，因为"社会主义应当有高度的民主，完备的法制和安定的社会环境"②；报告还提出了加强社会主义法制建设的具体要求，指出"国家的政治生活、经济生活和社会生活的各个方面，民主和专政的各个环节，都应做到有法可依，有法必依，执法必严，违法必究"③；报告最后强调"必须一手抓建设和改革，一手抓法制。法制建设必须贯串于改革的全过程"④。

二、中国特色社会主义法治建设的发展

党的十三届四中全会以后，中国特色社会主义法治建设进入新的历史时期。1989年6月24日，党的十三届四中全会提出，社会主义民主法制建设要抓紧进行⑤。1992年10月12日，党的十四大确定20世纪90年代的改革和建设"要围绕经济建设这个中心，加强社会主义民主法制和精神文明建设，促进社会全面进步"⑥，并提出应"高度重视法制建设"⑦，且就立法、执法、司法、政法部门自身建设和民主法制教育作出具体安排。1997年9月12日，党的十五大报告指出过去五年来，"社会主义民主和法制建设取得重大进展，制定了一系列适应社会主义市场经济发展的法律和法规，加强了执法和司法

---

① 中共中央文献研究室：《十三大以来重要文献选编》（上），中央文献出版社，2011，第6页。

② 中共中央文献研究室：《十三大以来重要文献选编》（上），中央文献出版社，2011，第12–13页。

③ 中共中央文献研究室：《十三大以来重要文献选编》（上），中央文献出版社，2011，第40页。

④ 中共中央文献研究室：《十三大以来重要文献选编》（上），中央文献出版社，2011，第40页。

⑤ 江泽民：《江泽民文选》第一卷，人民出版社，2006，第62页。

⑥ 中共中央文献研究室：《十四大以来重要文献选编》（上），中央文献出版社，2011，第14页。

⑦ 中共中央文献研究室：《十四大以来重要文献选编》（上），中央文献出版社，2011，第25页。

工作"①；报告确定了社会主义初级阶段的基本路线和纲领，提出建设有中国特色社会主义的政治，应"发展民主，健全法制，建设社会主义法治国家"②；报告还提出实行依法治国，并指出依法治国"是党领导人民治理国家的基本方略"③，同时强调"依法治国把坚持党的领导、发扬人民民主和严格依法办事统一起来"④；针对加强法制建设的具体工作，报告还对立法、执法、司法、执法和司法队伍建设、普法教育、法制建设同精神文明建设紧密结合等作出相关部署⑤。

党的十六大以后，中国特色社会主义法治建设进入新的历史阶段。2002年11月8日，党的十六大报告指出，过去五年来，"民主法制建设继续推进，政治体制改革迈出新步伐"⑥；报告同时还将"推进政治体制改革，发展民主，健全法制，依法治国，建设社会主义法治国家，保证人民行使当家作主的权利"作为党的十三届四中全会以来十三年基本经验的内容之一⑦；报告作出政治建设和政治体制改革的战略决策，指出"发展社会主义民主政治，最根本的是要把坚持党的领导、人民当家作主和依法治国有机统一起来"⑧；此外，报告还就加强社会主义法制建设中的立法、执法、法制统一、法律服务、法制宣传教育和推进司法体制改革工作等内容提出相

---

① 中共中央文献研究室：《十五大以来重要文献选编》（上），中央文献出版社，2011，第6页。

② 中共中央文献研究室：《十五大以来重要文献选编》（上），中央文献出版社，2011，第16页。

③ 中共中央文献研究室：《十五大以来重要文献选编》（上），中央文献出版社，2011，第26页。

④ 中共中央文献研究室：《十五大以来重要文献选编》（上），中央文献出版社，2011，第27页。

⑤ 中共中央文献研究室：《十五大以来重要文献选编》（上），中央文献出版社，2011，第28页。

⑥ 中共中央文献研究室：《十六大以来重要文献选编》（上），中央文献出版社，2011，第3页。

⑦ 中共中央文献研究室：《十六大以来重要文献选编》（上），中央文献出版社，2011，第7页。

⑧ 中共中央文献研究室：《十六大以来重要文献选编》（上），中央文献出版社，2011，第24页。

应的具体要求。2007 年 10 月 15 日，党的十七大报告指出，过去五年来"民主法制建设取得新进步"，"中国特色社会主义法律体系基本形成，依法治国基本方略切实落实。行政管理体制、司法体制改革不断深化"①；报告作出全面深化政治体制改革的决定，提出必须"扩大社会主义民主，建设社会主义法治国家"，"提高党科学执政、民主执政、依法执政水平，保证党领导人民有效治理国家"，并要求"坚持依法治国基本方略，树立社会主义法治理念，实现国家各项工作法治化，保证公民权益"②；报告还对全面落实依法治国基本方略和加快建设社会主义法治国家中立法、执法、司法、政法队伍建设、法制宣传教育、人权保障和守法等法治工作提出相应要求。

三、中国特色社会主义法治建设进入新时代

党的十八大以来，中国特色社会主义法治建设进入新时代。2012 年 11 月 8 日，党的十八大报告指出，自党的十七大以来，"民主法制建设迈出新步伐"，"中国特色社会主义法律体系形成，社会主义法治国家建设成效显著"③。报告提出了到 2020 年实现全面建成小康社会的宏伟目标，并确立在全面建成小康社会目标的基础上努力实现的新的要求，其中包含"依法治国基本方略全面落实，法治政府基本建成，司法公信力不断提高，人权得到切实尊重和保障"④的内容。此外，报告还就全面推进依法治国作出了工作安排。2014 年 10 月 23 日，党的十八届四中全会通过了《中共中央关于全面推进依法治国若干重大问题的决定》，确定全面推进依法治国的"总目标是建设中国特色社会主义法治体系，建设社会主义法治国家"，即"在中国共产党领导下，坚持中国特色社会主义制度，贯彻中国特色社会主义法治理论，形成完备的法律规范体系、高效的法治实施体系、严密的法治监督

① 胡锦涛：《胡锦涛文选》第二卷，人民出版社，2016，第 614 页。
② 胡锦涛：《胡锦涛文选》第二卷，人民出版社，2016，第 635 页。
③ 中共中央文献研究室：《十八大以来重要文献选编》（上），中央文献出版社，2014，第 3 页。
④ 中共中央文献研究室：《十八大以来重要文献选编》（上），中央文献出版社，2014，第 14 页。

体系、有力的法治保障体系，形成完善的党内法规体系，坚持依法治国、依法执政、依法行政共同推进，坚持法治国家、法治政府、法治社会一体建设，实现科学立法、严格执法、公正司法、全民守法，促进国家治理体系和治理能力现代化"①；全会确定了实现全面依法治国总目标所应当坚持的五项原则：坚持中国共产党的领导、坚持人民主体地位、坚持法律面前人人平等、坚持依法治国和以德治国相结合、坚持从中国实际出发②。此外，全会还就完善以宪法为核心的中国特色社会主义法律体系，加强宪法实施；深入推进依法行政，加快建设法治政府；保证公正司法，提高司法公信力；增强全民法治观念，推进法治社会建设；加强法治工作队伍建设；加强和改进党对全面推进依法治国的领导等法治工作内容和重大问题作出相应的决定③。2017年10月18日，党的十九大报告指出，经过党的十八大以来的五年，"民主法治建设迈出重大步伐"，"积极发展社会主义民主政治，推进全面依法治国，党的领导、人民当家作主、依法治国有机统一的制度建设全面加强"；"科学立法、严格执法、公正司法、全民守法深入推进，法治国家、法治政府、法治社会建设相互促进，中国特色社会主义法治体系日益完善，全社会法治观念明显增强"；"国家监察体制改革试点取得实效，行政体制改革、司法体制改革、权力运行制约和监督体系建设有效实施"④。报告提出了习近平新时代中国特色社会主义思想，并将坚持全面依法治国确定为习近平新时代中国特色社会主义思想的基本方略之一，该方略的具体内容为："全面依法治国是中国特色社会主义的本质要求和重要保障。必须把党的领导贯彻落实到依法治国全过程和各方面，坚定不移走中国特色社会主义法治道路，完善以宪法为核心的中国特色社会主义法律体系，建设中国特色社会主义法治体系，建设社会主义法治国家，发展

---

① 中共中央文献研究室：《十八大以来重要文献选编》（中），中央文献出版社，2016，第157页。

② 中共中央文献研究室：《十八大以来重要文献选编》（中），中央文献出版社，2016，第157-159页。

③ 中共中央文献研究室：《十八大以来重要文献选编》（中），中央文献出版社，2016，第160-181页。

④ 中共中央党史和文献研究院：《十九大以来重要文献选编》（上），中央文献出版社，2019，第3页。

中国特色社会主义法治理论，坚持依法治国、依法执政、依法行政共同推进，坚持法治国家、法治政府、法治社会一体建设，坚持依法治国和以德治国相结合，依法治国和依规治党有机统一，深化司法体制改革，提高全民族法治素养和道德素质。"①报告提出了"两个一百年"的奋斗目标，并具体安排2020年至2035年在全面建成小康社会的基础上基本实现社会主义现代化，届时"人民平等参与、平等发展权利得到充分保障，法治国家、法治政府、法治社会基本建成，各方面制度更加完善，国家治理体系和治理能力现代化基本实现"；2030年至本世纪中叶，在基本实现现代化的基础上，把我国建设成为富强民主文明和谐美丽的社会主义现代化强国，届时"我国物质文明、政治文明、精神文明、社会文明、生态文明将全面提升，实现国家治理体系和治理能力现代化"②。报告还对坚持党的领导、人民当家作主、依法治国有机统一和深化依法治国实践作出了具体战略安排③。2017年10月24日，党的十九大将"全面依法治国"作为党坚持和发展中国特色社会主义的战略布局之一写入党章，并同时将"建设中国特色社会主义法治体系"作为党的十八大以来以习近平同志为核心的党中央在政治建设方面提出的新理念新思想新战略写入党章④。2020年11月16日至17日，中央全面依法治国工作会议在北京召开，会议提出了习近平法治思想，并初步阐释了习近平法治思想的内涵和外延及其重大价值和意义。2022年10月16日，党的二十大提出"要坚持全面依法治国，推进法治中国建设"，明确了"全面依法治国是国家治理的一场深刻革命，关系党执政兴国，关系人民幸福安康，关系党和国家长治久安。必须更好发挥法治固根本、稳预期、利长远的保障作用，在法治轨道上全面建设社会主义现代化国家"。同时提出，"我们要坚持走中国特色社会主义法治道路，建设中国特色社会主

---

① 中共中央党史和文献研究院：《十九大以来重要文献选编》（上），中央文献出版社，2019，第16页。

② 中央党史和文献研究院：《十九大以来重要文献选编》（上），中央文献出版社，2019，第20–21页。

③ 中央党史和文献研究院：《十九大以来重要文献选编》（上），中央文献出版社，2019，第26、27页。

④ 中央党史和文献研究院：《十九大以来重要文献选编》（上），中央文献出版社，2019，第53页。

义法治体系、建设社会主义法治国家，围绕保障和促进社会公平正义，坚持依法治国、依法执政、依法行政共同推进，坚持法治国家、法治政府、法治社会一体建设，全面推进科学立法、严格执法、公正司法、全民守法，全面推进国家各方面工作法治化"①。

第二节　中国特色社会主义法治理论的组成

理论来自实践，理论又指导实践。作为中国特色社会主义法治建设学理支撑、理论指导和行动指南的中国特色社会主义法治理论，伴随着中国特色社会主义法治建设的不断前进和深入，也不断向前发展并日益成熟，先后经历了邓小平民主法制思想，实行依法治国基本方略、建设社会主义法治国家的思想，实行依法执政基本方式、建设社会主义法治国家的思想，以及今天正在日益发展成熟的习近平法治思想四个历史发展阶段。

一、邓小平民主法制思想

党的十一届三中全会之后，以邓小平同志为核心的党中央创立了邓小平民主法制思想。邓小平民主法制思想是邓小平理论和中国特色社会主义法治理论的重要组成部分。邓小平理论是马克思列宁主义同中国实际相结合的第二次历史性飞跃所产生的第一项重要理论成果，它是党和人民实践经验和集体智慧的结晶，它的主要创立者是邓小平同志。邓小平同志在创立邓小平理论的同时，也创立了邓小平民主法制思想。邓小平民主法制思想是邓小平理论在法治领域的具体表现，它以建设高度的社会主义民主和健全的社会主义法制为核心要义，它是中国特色社会主义法治理论的发轫之端。

二、实行依法治国基本方略、建设社会主义法治国家的思想

党的十三届四中全会之后，以江泽民同志为核心的党中央创立了实行依法治国基本方略、建设社会主义法治国家的思想。实行依法治国基本方略、

---

① 习近平：《高举中国特色社会主义伟大旗帜　为全面建设社会主义现代化国家而团结奋斗——在中国共产党第二十次全国代表大会上的报告》，《人民日报》2022 年 10 月 26 日第 1 版。

建设社会主义法治国家的思想是"三个代表"重要思想和中国特色社会主义法治理论的重要组成部分。"三个代表"重要思想是马克思列宁主义同中国实际相结合的第二次历史性飞跃所产生的第二项重要理论成果，它是党和人民实践经验和集体智慧的结晶，它的主要创立者是江泽民同志。江泽民同志在创立"三个代表"重要思想的同时，也创立了实行依法治国基本方略、建设社会主义法治国家的思想。实行依法治国基本方略、建设社会主义法治国家的思想是"三个代表"重要思想在法治领域的具体表现，它以确定依法治国是党领导人民治理国家的基本方略和建设社会主义法治国家为核心要义，它是中国特色社会主义法治理论的继续发展。

三、实行依法执政基本方式、建设社会主义法治国家的思想

党的十六大之后，以胡锦涛同志为总书记的党中央创立了实行依法执政基本方式、建设社会主义法治国家的思想。实行依法执政基本方式、建设社会主义法治国家的思想是科学发展观和中国特色社会主义法治理论的重要组成部分。科学发展观是马克思列宁主义同中国实际相结合的第二次历史性飞跃所产生的第三项重要理论成果，它是党和人民实践经验和集体智慧的结晶，它的主要创立者是胡锦涛同志。胡锦涛同志在创立科学发展观的同时，也创立了实行依法执政基本方式、建设社会主义法治国家的思想。实行依法执政基本方式、建设社会主义法治国家的思想是科学发展观在法治领域的具体表现，它以确定依法执政为党治国理政的基本方式和建设社会主义法治国家为核心要义，它是中国特色社会主义法治理论的继续深化。

四、习近平法治思想

党的十八大以来，以习近平同志为核心的党中央创立了习近平法治思想。习近平法治思想是习近平新时代中国特色社会主义思想和中国特色社会主义法治理论的重要组成部分。习近平新时代中国特色社会主义思想是马克思列宁主义同中国实际相结合的最新理论成果，它是党和人民集体智慧的结晶，它的主要创立者是习近平。习近平在创立习近平新时代中国特色社会主义思想的同时，也创立了习近平法治思想。习近平法治思想内涵丰富、论述深刻、逻辑严密、系统完备，从历史和现实相贯通、国际和国内相关联、理

论和实践相结合上，深刻回答了新时代为什么实行全面依法治国、怎样实行全面依法治国等一系列重大问题。习近平法治思想是顺应实现中华民族伟大复兴时代应运而生的重大理论成果，是马克思主义法治理论中国化最新理论成果，是全面依法治国的根本遵循和行动指南。

第二章　邓小平民主法制思想

邓小平是中华人民共和国的开国元勋，新中国成立以后成为中国共产党以毛泽东同志为核心的中央领导集体的重要成员。党的十一届三中全会以后，他成为中国共产党中央领导集体的核心，领导中国人民开辟了建设有中国特色社会主义的新道路。邓小平是邓小平理论的主要创立者，邓小平理论是继毛泽东思想之后马克思列宁主义与中国实际相结合的第二次历史性飞跃所产生的理论成果，是党和人民实践经验和集体智慧的结晶①。1997年9月10日，党的十五大修改党章，把邓小平理论与马克思列宁主义、毛泽东思想一起确立为党的指导思想，邓小平理论成为党的行动指南。

邓小平同时还是中国特色社会主义法治理论的主要创始人，他所创立的邓小平民主法制思想是邓小平理论的重要组成部分，邓小平民主法制思想开启了中国特色社会主义法治理论之先河。自此之后，中国特色社会主义法治理论作为中国特色社会主义法治建设的学理支撑、思想指导和行动指南，伴随着中国特色社会主义法治事业的不断向前推进，历经以江泽民同志为核心的党中央所创立的实行依法治国基本方略、建设社会主义法治国家的思想和以胡锦涛同志为总书记的党中央所创立的实行依法执政基本方式、建设社会主义法治国家的思想，特别是以习近平同志为核心的新一代中央领导集体所创立的习近平法治思想，不断走向完善和成熟，并最终呈现出今天脉络清晰、结构严整、体系完备的科学思想体系的面貌。

---

① 正如邓小平曾十分谦虚地说："其实很多事是别人发明的，群众发明的，我只不过把它们概括起来，提出了方针政策。"参见《邓小平文选》第三卷，人民出版社，1993，第272页。

第一节　邓小平民主法制思想的核心要义

一、社会主义法制与社会主义民主之间的辩证关系

社会主义法制与社会主义民主之间的辩证关系和逻辑联系，是邓小平民主法制思想最为重要的理论命题和核心要义，贯穿于邓小平民主法制思想的始终，最为邓小平理论和邓小平民主法制思想的主要创立人邓小平所关注和看重。从学理角度而言，邓小平民主法制思想认为，法制与民主之间具有十分密切的辩证关系和逻辑联系。

（一）社会主义法制的发轫和功能系对社会主义民主的保障

中国特色社会主义法治理论诞生于"文化大革命"之后，发端于邓小平民主法制思想，发轫于党中央对"文化大革命"深刻历史教训的总结。有鉴于"文化大革命"期间的无政府主义状态和法律虚无主义思潮以及其相伴而来的亟须破除的思想僵化现状，邓小平敏锐果敢地提出了解放思想的时代口号。1978年12月13日，复出之后的邓小平在中共中央工作会议闭幕式上发表了《解放思想，实事求是，团结一致向前看》的著名讲话。他在讲话中指出，解放思想是当时中国的一个重大政治问题，而民主是解放思想的重要条件，并因此强调："为了保障人民民主，必须加强法制。必须使民主制度化、法律化，使这种制度和法律不因领导人的改变而改变，不因领导人的看法和注意力的改变而改变。"①1978年12月22日，中国共产党第十一届中央委员会第三次全体会议通过了会议公报，公报指出："为了保障人民民主，必须加强社会主义法制，使民主制度化、法律化，使这种制度和法律具有稳定性、连续性和极大的权威……"②1979年11月26日，邓小平在会见外国友人时又明确表示，为了避免和防止极端个人主义和无政府主义，"所以我们提出在加

---

① 邓小平：《邓小平文选》第二卷，人民出版社，1994，第146页。
② 中共中央文献研究室：《三中全会以来重要文献选编》（上），中央文献出版社，2011，第9页。

强民主的同时，要加强社会主义法制"①。可见，在邓小平民主法制思想中，社会主义法制建设及其加强，以其对社会主义民主所具有的保障功能而出现于"文化大革命"之后的中国。社会主义法制对社会主义民主的保障，体现在并实现于社会主义民主的制度化和法律化之中，而制度化和法律化之后的民主，以制度特别是法律的连续性、稳定性和权威性，获得自己的连续、稳定和权威，解放思想也同时通过民主的连续、稳定和权威而拥有自身得以生发和存在的政治前提。以此，社会主义法制对社会主义民主起到了充分保障的重要作用。概言之，社会主义法制因社会主义民主政治建设的保障需要而诞生，是邓小平民主法制思想面对特定历史阶段的特定情形而作出的重大论断，从而为中国特色社会主义法治理论作出了开创性的贡献。

　　需要特别强调和指出的是，在邓小平民主法制思想中，社会主义法制的发端，确是动因于社会主义民主政治建设的需要，并未直接表现出经济因素对于社会主义法制的催生作用。1979年6月28日，邓小平在会见外国政党领导人时说："要加强民主就要加强法制。"②在邓小平民主法制思想的伊始之际，社会主义民主与社会主义法制之间的逻辑关系，跃然纸上。"文化大革命"之后的特定历史阶段，党和人民群众对民主的渴望造就了邓小平民主法制思想以社会主义民主为目标而定义了社会主义法制的保障功能。

　　（二）社会主义法制与社会主义民主同时并存并举于社会主义现代化建设之中

　　基于社会主义法制对社会主义民主具有保障功能的定义，其理论逻辑发展的必然结论是社会主义法制与社会主义民主须同时并存并举于社会主义现代化建设之中。二者并存，不可偏废其中之一，是邓小平民主法制思想关于社会主义法制与社会主义民主之间辩证关系的另一重要论点。1979年6月28日，邓小平在会见外国政党领导人时说，"没有广泛的民主是不行的，没有健全的法制也是不行的"，"民主要坚持下去，法制要坚持下去。这好像两只手，任何一只手削弱都不行"③。1979年10月30日，邓小平在中国文学艺术工作者第四次代表大会上发表讲话，指出"我们的国家已经进入社会主义现

---

①　邓小平：《邓小平文选》第二卷，人民出版社，1994，第233页。

②　邓小平：《邓小平文选》第二卷，人民出版社，1994，第189页。

③　邓小平：《邓小平文选》第二卷，人民出版社，1994，第189页。

代化建设的新时期。我们要在大幅度提高社会生产力的同时，改革和完善社会主义的经济制度和政治制度，发展高度的社会主义民主和完备的社会主义法制"①。1980年12月25日，邓小平在中央工作会议上发表讲话，指出在经济调整之后，为保证经济调整的顺利进行，"要继续发展社会主义民主，健全社会主义法制。这是三中全会以来中央坚定不移的基本方针，今后也决不允许有任何动摇。我们的民主制度还有不完善的地方，要制定一系列的法律、法令和条例，使民主制度化、法律化"②；"社会主义民主和社会主义法制是不可分的。不要社会主义法制的民主，不要党的领导的民主，不要纪律和秩序的民主，决不是社会主义民主。相反，这只能使我们的国家再一次陷入无政府状态，使国家更难民主化，使国民经济更难发展，使人民生活更难改善"③。高度的社会主义民主和完备的社会主义法制，同时内嵌在和存在于社会主义现代化建设之中，使得社会主义法制对于社会主义民主所具有的保障功能得到升华。一方面，社会主义法制不仅是作为原因的社会主义民主的逻辑结果，同时又是以能够与社会主义民主并存的同样重要的社会主义的组成部分而存在，社会主义法制的为民主服务的工具功能开始淡化，自身特有的本体功能开始出现。另一方面，由于完备的社会主义法制与高度的社会主义民主一起构成了社会主义现代化建设的重要路径，而社会主义现代化建设决不仅仅局限于政治内容，而是在特定阶段之中以经济建设为其主要内容，因而，社会主义法制的功能也不再局限于政治功能，而是开始延伸或覆盖到经济功能，社会主义法制的功能表现出多元和综合的发展趋势。

从社会主义现代化建设的角度观察，社会主义现代化建设也绝非仅仅局限于"四个现代化"，"四个现代化"仅是其主要内容，除此之外，尚包含有社会主义民主和法制建设，二者同样是现代化建设的重要组成部分。从这个角度来说，没有高度的社会主义民主和完备的社会主义法制，也就没有社会主义的现代化。1982年9月1日，党的十二大提出："社会主义民主的建设必须同社会主义法制的建设紧密地结合起来，使社会主义民主制度化、法律

---

① 邓小平：《邓小平文选》第二卷，人民出版社，1994，第208页。

② 邓小平：《邓小平文选》第二卷，人民出版社，1994，第359页。

③ 邓小平：《邓小平文选》第二卷，人民出版社，1994，第359–360页。

化。"①1985年4月15日，邓小平在会见外国领导人时说，党的十一届三中全会提出了一系列新的政策，其中就国内政策而言，"最重大的有两条，一条是政治上发展民主，一条是经济上进行改革"②。1986年4月12日，第六届全国人民代表大会第四次会议通过决议，原则批准国务院制定的《中华人民共和国国民经济和社会发展第七个五年计划》，其中第五十五章对"社会民主和法制"作出规划，提出"继续加强社会主义民主，健全社会主义法制，并把这两个方面的建设紧密结合起来，使社会主义民主制度化、法律化"③。将社会主义法制与社会主义民主二者的建设紧密结合起来，已经成为邓小平民主法制思想立足于社会主义现代化建设的全面的十分清晰且十分重要的内容之一。

（三）社会主义法制与社会主义民主之间是辩证统一的逻辑关系

邓小平民主法制思想因社会主义法制对社会主义民主具有保障功能提出了加强社会主义法制的主张，又因社会主义现代化建设的需要，而将社会主义法制提升至与社会主义民主相同的地位。前者初步勾勒出二者之间的内部联结，后者则继之搭建起二者的外部关联。于是，综合社会主义法制与社会主义民主之间内部和外部的双层关系，便成为邓小平民主法制思想进一步的逻辑需求。1980年2月29日，邓小平在十一届五中全会第三次会议上发表讲话，强调"发扬社会主义民主，健全社会主义法制，两方面是统一的"④。"统一"词汇的使用，意味着邓小平民主法制思想对社会主义法制与社会主义民主二者之间关系的理论探索短时期之内进入到新的理论阶段，社会主义法制与社会主义民主之间的关系不再是社会主义法制保障社会主义民主的单行联结，而是呈现出双向的、互动的逻辑格局。邓小平民主法制思想之所以能够短时期之内形成不断深入的认知，自然是当时中国经济社会快速发展和转型所致。1980年8月18日，邓小平在中央政治局扩大会议上发表讲话，他在

---

① 中共中央文献研究室：《十二大以来重要文献选编》（上），中央文献出版社，2011，第8页。

② 邓小平：《邓小平文选》第三卷，人民出版社，1993，第116页。

③ 中共中央文献研究室：《十二大以来重要文献选编》（中），中央文献出版社，2011，第462页。

④ 邓小平：《邓小平文选》第二卷，人民出版社，1994，第276页。

讲话中指出，我们要充分发挥社会主义制度的优越性，当前和今后一个时期，主要应当努力实现的要求之一是"政治上，充分发扬人民民主，保证全体人民真正享有通过各种有效形式管理国家、特别是管理基层地方政权和各项企业事业的权力，享有各项公民权利，健全革命法制，正确处理人民内部矛盾，打击一切敌对力量和犯罪活动，调动人民群众的积极性，巩固和发展安定团结、生动活泼的政治局面"①。他同时强调："我们今天所反对的特权，就是政治上经济上在法律和制度之外的权利。搞特权，这是封建主义残余影响尚未肃清的表现。旧中国留给我们的，封建专制传统比较多，民主法制传统很少。解放以后，我们也没有自觉地、系统地建立保障人民民主权利的各项制度，法制很不完备，也很不受重视，特权现象有时受到限制、批评和打击，有时又重新滋长。克服特权现象，要解决思想问题，也要解决制度问题。公民在法律和制度面前人人平等，党员在党章和党纪面前人人平等。人人有依法规定的平等权利和义务，谁也不能占便宜，谁也不能犯法。"②可见，社会主义法制与社会主义民主的"统一"，实际上通过加强社会主义法制，"保证全体人民真正享有通过各种有效形式管理国家、特别是管理基层地方政权和各项企业事业的权力"，社会主义民主和法制的统一更加趋向于"有机"：民主是法制的前提，法制是民主的保障。这其实也是后来中国特色社会主义法治理论发展到实行依法治国基本方略、建设社会主义法治国家的思想阶段时，对"依法治国"进行定义的脱胎之处。党的十五大对依法治国的定义便是："依法治国，就是广大人民群众在党的领导下，依照宪法和法律规定，通过各种途径和形式管理国家事务，管理经济文化事业，管理社会事务，保证国家各项工作都依法进行，逐步实现社会主义民主的制度化、法律化……"③其中，历史演变所留下的痕迹，至今依然清晰可辨。社会主义法制与社会主义民主的有机"统一"，在邓小平民主法制思想中，其具体表现就是在民主的视野下和框架内初步完成对社会主义法制的定义。

（四）社会主义法制是政治体制改革的重要路径

改革开放的过程，实际上首先表现为经济体制改革的过程；伴随着经济

---

① 邓小平：《邓小平文选》第二卷，人民出版社，1994，第322页。
② 邓小平：《邓小平文选》第二卷，人民出版社，1994，第332页。
③ 江泽民：《江泽民文选》第二卷，人民出版社，2006，第28-29页。

体制改革的启动，政治体制改革很快进入历史议事日程。民主和法制则构成了政治体制改革的主要内容。

　　1986年9月3日，邓小平在会见外国政党领导人时说，"进行政治体制改革的目的，总的来讲是要消除官僚主义，发展社会主义民主，调动人民和基层单位的积极性"，并"处理好法治和人治的关系"①。可见，加强社会主义法制建设，自此又增添了实现政治体制改革的重要路径的功能。

　　1986年9月28日，中国共产党第十二届中央委员会第六次全体会议通过了《中共中央关于社会主义精神文明建设指导方针的决议》，决议要求加强社会主义民主、法制、纪律的教育，并指出："高度民主是社会主义的伟大目标之一，也是社会主义精神文明在国家和社会生活中的重要体现。在人类历史上，在新兴资产阶级和劳动人民反对封建专制制度的斗争中，形成民主和自由、平等、博爱的观念，是人类精神的一次大解放。马克思主义批判地继承资产阶级的这些观念，又同它们有原则的区别。从根本上说，资产阶级民主是为维护资本主义制度服务的。社会主义在消灭阶级压迫和剥削的基础上，为充分实现人民当家做主，把民主推向新的历史高度开辟了道路。我国社会主义发展中的主要历史教训，一是没有集中力量发展经济，二是没有切实建设民主政治。十一届三中全会以来，我们党强调没有民主就没有社会主义现代化，强调民主要制度化法律化，强调党必须在宪法和法律的范围内活动，切实推进党和国家政治生活的民主化、经济管理的民主化、整个社会生活的民主化。近来中央着重提出政治体制改革，就是要在坚持党的领导和人民民主专政的基础上，改革和完善党和国家的领导制度，进一步扩大社会主义民主，健全社会主义法制，以适应社会主义现代化建设的需要。这是一项非常复杂的工作，中央将经过充分调查研究，作出部署，有领导有步骤地进行。民主和法制、纪律不可分。社会主义法制，体现人民意志，保障人民的合法权利和利益，调节人们之间的关系，规范和约束人们的行为，制裁和打击各种危害社会的不法行为。不要社会主义民主的法制，决不是社会主义法制；不要社会主义法制的民主，决不是社会主义民主。只有大力加强以宪法为根本的社会主义法制，加强劳动纪律和工作纪律，同实际生活中种种压制和破坏民主的行为作斗争，才能推进并保证经济建设和全面改革的顺利发展，维

――――――――
　　① 邓小平：《邓小平文选》第三卷，人民出版社，1993，第177页。

护国家的长治久安。搞资产阶级自由化，即否定社会主义制度、主张资本主义制度，是根本违背人民利益和历史潮流，为广大人民所坚决反对的。加强社会主义民主和法制的建设，根本问题是教育人。"①决议的内容虽然侧重于社会主义法制和社会主义民主的教育，但其意义却已经提升至政治体制改革的意义之中。可以看出，社会主义法制既是政治体制改革的重要内容，也是推进和实现政治体制改革的重要途径和方式。

1987年6月29日，邓小平在会见美国前总统卡特时说，"政治体制改革包括民主和法制"，"中国的政治体制改革，要讲社会主义的民主，也要讲社会主义的法制。在强调发展民主的同时，要强调教育我们的人民特别是青年要有理想，守纪律"②。1987年10月25日，党的十三大作出政治体制改革的决定，并要求加强社会主义法制建设，同时指出"社会主义民主和社会主义法制不可分割"③。至此，社会主义法制与社会主义民主一起构成了政治体制改革的主体内容，社会主义法制除具备保障社会主义民主的政治功能之外，还成为政治体制改革的重要内容和实现路径。

二、社会主义法制与党的领导之间的辩证关系

习近平法治思想认为，党和法治的关系是法治建设的核心问题④。邓小平民主法制思想也注意到了这个问题，并对这个问题作了初步的、系统的阐述，党和法治的关系问题自此开始贯穿于中国特色社会主义法治理论的始终。

1986年7月10日，中共中央发出《中共中央关于全党必须坚决维护社会主义法制的通知》，通知指出："坚持党的领导和依法办事是一致的。宪法、法律是人民意志、国家意志的集中表现。党领导人民制定宪法和法律，党又要领导人民执行宪法和法律。新党章关于'党必须在宪法和法律的范围内活动'的规定，是一项极其重要的原则。从中央到基层，所有党组织和党员的

---

① 中共中央文献研究室：《十二大以来重要文献选编》（下），中央文献出版社，2011，第129页。

② 邓小平：《邓小平文选》第三卷，人民出版社，1993，第244页，第245页。

③ 中共中央文献研究室：《十三大以来重要文献选编》（上），中央文献出版社，2011，第39页。

④ 中共中央文献研究室：《十八大以来重要文献选编》（中），中央文献出版社，2016，第141页。

活动都不能同国家的宪法、法律相抵触，都只有模范地遵守宪法和法律的义务，而没有任何超越宪法和法律的特权。越是领导机关，越是领导干部，越要带头学法、懂法，严格依法办事，不做违宪、违法的事。贯彻党的路线、方针、政策与执行宪法、法律是统一的。各级党政军机关所发出的文件和领导人的讲话，都要既体现党的路线和方针、政策，又符合宪法和法律的规定，不符合的要坚决改正。用五年左右时间在公民中基本普及法律常识，是加强法制建设的一项重大措施，各级党组织都要为实现这个目标而进行切实有效的工作"①。可见，邓小平民主法制思想认为：第一，坚持党的领导与依法办事是一致的，是统一的，将党的领导和依法办事置于对立的格局之中是完全错误的，这与邓小平理论强调现代化建设必须坚持四项基本原则的政治前提的观点相一致。需要注意的是，邓小平民主法制思想中"坚持党的领导与依法办事是一致的"，后来逐渐发展为坚持党的领导、充分发扬人民民主与严格依法办事的一致，并最后发展为坚持党的领导、人民当家作主与依法治国的一致；第二，党的领导和社会主义法制相统一和相一致的根由，在于宪法和法律体现了人民的意志和国家的意志，故而作为执政党，党既要领导人民制定宪法和法律，又要领导人民执行宪法和法律；第三，党对宪法和法律的遵守，既因法律面前人人平等的原则而与其他社会主体一起一同遵循国家的宪法和法律，又因党是执政党，故而所有的党组织和党员，特别是领导机关和领导干部，负有模范遵守宪法和法律的义务；第四，党的领导与依法办事的统一和一致，在法治实践中具体表现为贯彻党的路线、方针、政策与执行宪法和法律是统一的和一致的。邓小平民主法制思想关于坚持党的领导与依法办事相一致的观点，是中国特色社会主义理论基本原理和方法论原则在法治领域的具体表现，也为中国特色社会主义法治理论奠定了基本原理和方法论原则的基础。

三、社会主义法制与反腐败之间的辩证关系

腐败既是一种政治现象，又是一种法治现象。邓小平民主法制思想较早地开始了对社会主义法制与反腐败之间关系的思考，这是对毛泽东法律思想

---

① 中共中央文献研究室：《十二大以来重要文献选编》（下），中央文献出版社，2011，第24页。

的继承和创新。概而言之，邓小平民主法制思想对此的具体观点大致有三：第一，腐败现象之所以发生，有着众多原因在发生综合作用，但法制不健全是其中一项重要原因。1989年6月9日，他在接见首都戒严部队军以上干部时发表讲话，指出腐败现象和其他违法乱纪现象之所以发生，重要原因之一是"法制不健全"①。因此，反对腐败，理所当然地应当加强社会主义法制建设。第二，反对腐败的方法或者手段，亦应是一种综合或者系统的方法或者手段，法制是其中一种重要的方法或者手段。1985年10月23日，邓小平在会见外国企业家时，提出对于改革开放后出现的少数贪污腐化和滥用权力的现象，应当"通过两个手段来解决，一个是教育，一个是法律"②。第三，以法制方式反对腐败，有利于取信于民，有利于获得广大人民群众的理解和支持。1989年5月31日，邓小平在同两位中央负责同志谈话时指出，新的中央领导机构"要扎扎实实做几件事"，取信于民，"体现出我们是真正反对腐败，不是假的"，如反对腐败时，"要按照法律办事"③。

四、社会主义法制与稳定或者安定团结政治局面之间的辩证关系

作为社会主义法制的政治功能的延伸，邓小平民主法制思想认为，加强社会主义法制对于维护稳定或者安定团结的政治局面具有重要意义，而社会秩序的稳定和安定团结的政治局面是进行社会主义现代化建设的基础和前提。1979年3月30日，邓小平在党的理论工作务虚会上发表讲话，指出为了防止出现"本来可以避免的大大小小的乱子，使我们的现代化建设在刚刚迈出第一步的时候就遇到严重的障碍"，"中央、国务院和各地领导机构已经采取了并将继续采取一系列措施，在坚决发扬民主的同时，大力稳定社会秩序，加强社会主义法制，确保安定团结"④。1979年6月28日，邓小平在会见外国政党领导人又强调，没有健全的法制是不行的，"我们吃够了动乱的苦头"⑤；制定法律是"建立安定团结政治局面的必要保障。没有安定团结生

---

① 邓小平：《邓小平文选》第三卷，人民出版社，1993，第306页。
② 邓小平：《邓小平文选》第三卷，人民出版社，1993，第148页。
③ 邓小平：《邓小平文选》第三卷，人民出版社，1993，第297页。
④ 邓小平：《邓小平文选》第二卷，人民出版社，1994，第162页。
⑤ 邓小平：《邓小平文选》第二卷，人民出版社，1994，第189页。

动活泼的政治局面，搞四个现代化就不行"①。1979年10月19日，邓小平在全国政协、中央统战部宴请出席各民主党派和全国工商联代表大会代表时发表讲话，指出"在当前新的长征中，在四项基本原则的指引下，实行互相监督，充分发扬社会主义民主，加强社会主义法制，对于增强和维护安定团结，共同搞好国家大事，是十分重要的"②。1980年1月16日，邓小平在中央召集的干部会议上发表讲话，指出要安下心来搞经济建设，一定要有一个安定团结的政治局面。为此，"我们必须坚决划清两类不同性质的矛盾的界限，对于绝大多数破坏社会秩序的人应该采取教育的办法，凡能教育的都要教育，但是不能教育或教育无效的时候，就应该对各种罪犯坚决采取法律措施，不能手软"，对"一大批犯罪分子不严肃处理，那还说什么法制？对于各种破坏安定团结的人，都要分别情况，严肃对待"③。他还强调，"真正要巩固安定团结，主要地当然还是要依靠积极的、根本的措施，还是要依靠发展经济、发展教育，同时也要依靠完备法制。经济搞好了，教育搞好了，同时法制完备起来，司法工作完善起来，可以在很大程度上保障整个社会有秩序地前进"④。1980年12月25日，邓小平在中央工作会议上发表讲话，指出巩固和发展安定团结的政治局面，是全国人民的共同愿望，需要向广大人民群众做好思想政治工作，动员和组织人民群众自觉地、积极地行动起来，同各种破坏安定团结的势力进行有效的斗争，他特别强调，"进行这种斗争，不能采取过去搞政治运动的办法，而要遵循社会主义法制的原则"，"一定要在法律范围内进行"⑤。1982年1月13日，中共中央发出《中共中央关于加强政法工作的指示》，指出："党的十一届三中全会以来，政法战线做了大量拨乱反正的工作，取得了很大成绩。在整顿治安中，政法战线贯彻执行中央关于必须巩固人民民主专政，发展社会主义民主，健全社会主义法制，维护社会秩序，及时制裁犯罪行为，打击敌视社会主义分子的破坏活动等一系列方针、指示，恢复、制订和施行了一批重要的法律、法令和条例，包括建国以来一

---

① 邓小平：《邓小平文选》第二卷，人民出版社，1994，第189页。
② 邓小平：《邓小平文选》第二卷，人民出版社，1994，第205页。
③ 邓小平：《邓小平文选》第二卷，人民出版社，1994，第253、255页。
④ 邓小平：《邓小平文选》第二卷，人民出版社，1994，第254-255页。
⑤ 邓小平：《邓小平文选》第二卷，人民出版社，1994，第371页。

直没有制订的《刑法》、《刑事诉讼法》，加强了司法、检察和公安机关的工作。一九七九年冬和一九八一年夏先后召开了城市治安会议，制定了'综合治理'的基本措施，确定了打击刑事犯罪的方针、政策，惩处了各种严重的刑事犯罪分子。在党中央直接领导下，依法公开审判了林彪、江青反革命集团十名主犯。经过这些工作，目前城乡治安正在逐步好转，人民群众增加了安全感。党的方针、政策和国家的法律、法令，得到社会各界人士的拥护。但是，应当清醒地看到，治安问题还很多，有的地方时有反复，情况还相当严重，总的说还没有根本好转。"①1987年10月25日，中国共产党第十三次全国代表大会上的报告作出政治体制改革的决定，并要求加强社会主义法制建设。报告指出，"社会主义民主和社会主义法制不可分割。没有全社会的安定团结，经济建设搞不成，经济体制改革和政治体制改革也搞不成"②，"中国在国际上处于落后状态，中国要发展起来，要实现四化，政治局面不稳定，没有纪律，没有秩序，什么事情都搞不成功"③。在这个意义上，中国的社会主义民主"是同社会主义法制相辅相成的"④。1989年2月26日和3月4日，邓小平在会见外国领导人和同中央负责同志谈话时，反复指出，"我们搞四化，搞改革开放，关键是稳定"，并强调"中国的问题，压倒一切的是需要稳定"⑤，而法制建设是保障社会稳定的极为重要的方式，他曾为此建议，"特别要抓紧立法，包括集会、结社、游行、示威、新闻、出版等方面的法律和法规"⑥。1989年6月16日，邓小平在同几位中央负责同志谈话时又指出，"在政治体制改革方面，最大的目的是取得一个稳定的环境"⑦。可以看出，在邓小平民主法制思想中，社会主义法制与维护社会秩序的稳定和政治局面的安定团结之间具有密切的逻辑联系：第一，维护社会稳定和安定团结的政

---

①　中共中央文献研究室：《三中全会以来重要文献选编》（下），中央文献出版社，2011，第392页。

②　中共中央文献研究室：《十三大以来重要文献选编》（上），中央文献出版社，2011，第39-40页。

③　邓小平：《邓小平文选》第三卷，人民出版社，1993，第249页。

④　邓小平：《邓小平文选》第三卷，人民出版社，1993，第249页。

⑤　邓小平：《邓小平文选》第三卷，人民出版社，1993，第286页。

⑥　邓小平：《邓小平文选》第三卷，人民出版社，1993，第286页。

⑦　邓小平：《邓小平文选》第三卷，人民出版社，1993，第313页。

治局面，是社会主义法制的一项重要功能，是其保障人民民主的政治功能的延伸；第二，法制对社会稳定和安定团结政治局面的维护，最终仍然服从并服务于社会主义现代化建设，尤其是经济建设，它为经济建设提供了前提和保障；第三，社会主义法制对社会稳定和安定团结的政治局面的保障，在于依法履行人民民主专政的国家政权职能，即通过加强社会主义法制建设，在区分敌我矛盾和人民内部矛盾的基础上，依法对人民实行民主和对敌人实行专政，从而实现保护人民和打击敌人的目的，并维护社会稳定和安定团结的政治局面。

五、社会主义法制与建设或者改革开放之间的辩证关系

在改革开放所开启的社会主义现代化建设过程中，社会主义法制与建设或者改革开放之间的关系，自然成为邓小平民主法制思想所关注的重点课题。

（一）社会主义法制和建设或者改革开放"两手抓，两手都要硬"

早在20世纪80年代初，即党中央谋划建立经济特区的时候，邓小平便在与广东省的负责同志谈话时就强调"要两手抓，一手要抓改革开放，一手要抓严厉打击经济犯罪"①。1982年9月1日，邓小平在党的十二大上致开幕词时指出，"今后一个长时期，至少是到本世纪末的近二十年内"，要抓紧的四件工作中有两项内容分别是"进行机构改革和经济体制改革"和"打击经济领域和其他领域内破坏社会主义的犯罪活动"②。同日，党的十二大提出："我们在发展社会主义事业的新时期，从思想上到行动上一定要坚持两手：一手是坚持对外开放、对内搞活经济的政策，另一手是坚决打击经济领域和政治文化领域中危害社会主义的严重犯罪活动。只注意后一手而怀疑前一手是错误的，只强调前一手而忽视后一手是危险的。对这样的方针，全党同志必须十分明确，不应当有丝毫含糊。"③1983年7月19日，邓小平专门就严厉打击刑事犯罪活动同公安部负责同志进行了谈话④。10月12日，他在十二届二

---

① 邓小平：《邓小平文选》第三卷，人民出版社，1993，第306页。

② 邓小平：《邓小平文选》第三卷，人民出版社，1993，第3页。

③ 中共中央文献研究室：《十二大以来重要文献选编》（上），中央文献出版社，2011，第32页。

④ 邓小平：《邓小平文选》第三卷，人民出版社，1993，第33-34页。

中全会上发表讲话，认为"对严重刑事犯罪分子下不了手"也是"各级领导上存在着软弱涣散"的"一种表现"①。1986年1月17日，邓小平在中央政治局常委会上发表讲话，指出对于严重的经济罪犯和刑事罪犯，"现在总的表现是手软"②，他因此建议对之应当给予严厉打击；同时还特别强调"搞四个现代化一定要有两手，只有一手是不行的。所谓两手，即一手抓建设，一手抓法制。党有党纪，国有国法"③，应当将对人民内部的民主和对敌对分子的专政结合起来。1982年4月10日，他在中央政治局讨论《中共中央、国务院关于打击经济领域中严重犯罪活动的决定》的会议上就坚决打击经济犯罪活动作了讲话④。1982年4月13日，《中共中央、国务院关于打击经济领域中严重犯罪活动的决定》指出："为了有效地发展社会主义的物质文明和精神文明的建设，今年以来，党中央着重抓了两件大事，一是作为体制改革的一个组成部分的机构改革，二是打击经济领域中的严重犯罪活动。全党、全军和全国各族人民对这两件大事都热烈拥护，极为关注，切望我们贯彻始终，夺取胜利。"⑤1986年7月10日，中共中央发出《中共中央关于全党必须坚决维护社会主义法制的通知》，通知指出"在新的历史条件下，要认真贯彻落实'一手抓建设，一手抓法制'的思想，全党必须重视社会主义法制建设"⑥。1987年10月25日，党的十三大报告指出，"我们必须一手抓建设和改革，一手抓法制。法制建设必须贯串于改革的全过程"⑦。1992年，他在视察南方时又强调"要坚持两手抓，一手抓改革开放，一手抓打击各种犯罪活动。这两只手都要硬"⑧。2014年8月20日，习近平总书记在纪念邓小平同志诞辰

---

① 邓小平：《邓小平文选》第三卷，人民出版社，1993，第38页。

② 邓小平：《邓小平文选》第三卷，人民出版社，1993，第153页。

③ 邓小平：《邓小平文选》第三卷，人民出版社，1993，第154页。

④ 邓小平：《邓小平文选》第二卷，人民出版社，1994，第402-404页。

⑤ 中共中央文献研究室：《三中全会以来重要文献选编》（下），中央文献出版社，2011，第523页。

⑥ 中共中央文献研究室：《十二大以来重要文献选编》（下），中央文献出版社，2011，第23页。

⑦ 中共中央文献研究室：《十三大以来重要文献选编》（上），中央文献出版社，2011，第40页。

⑧ 邓小平：《邓小平文选》第三卷，人民出版社，1993，第378页。

一百一十周年座谈会上发表讲话，指出"邓小平同志反复强调'两手抓、两手都要硬'，必须抓好社会主义精神文明建设和民主法制建设，实现社会全面进步"①。上述诸多引用及其中所包含的重大决定和论断，充分表明邓小平民主法制思想对法制与建设和改革开放之间的辩证关系已经有了成熟的思考：第一，"两手抓"的著名观点，实际是将社会主义法制建设提升至现代化建设的战略高度中进行看待，指出法制建设作为现代化建设的重要组成部分与经济建设和改革开放同样具有十分重要的战略地位，这是邓小平民主法制思想对待法制与建设和改革之间关系的"两点论"；第二，"两手抓"的著名观点对法制与建设和改革并没有等量齐观，而是更加强调二者之间的内在逻辑连接，即建设和改革开放为主要矛盾或矛盾的主要方面，是现代化建设的中心，而法制建设则构成了对建设和改革开放的保障。

（二）实现打击刑事犯罪活动的目的，根本的还是要依靠建设或者改革开放

在邓小平民主法制思想中，打击刑事犯罪活动是加强社会主义法制建设的重要内容之一。邓小平认为，对刑事犯罪活动的打击，加强法制建设固然是一项重要的应对措施，但归根结底还是应当依靠建设和改革开放，只有这样才能彻底消除产生刑事犯罪活动的社会根源。1984年10月22日，邓小平在中央顾问委员会第三次会议上强调，"我们对刑事犯罪活动的打击是必要的，今后还要继续打击下去，但是只靠打击并不能解决根本的问题，翻两番、把经济搞上去才是真正治本的途径"②。1980年1月16日，邓小平在中央召集的干部会议上发表讲话，提到"为了建设现代化的社会主义强国，任务很多，需要做的事情很多，各种任务之间又有相互依存的关系，如像经济与教育、科学，经济与政治、法律等等，都有相互依存的关系"。"但是说到最后，还是要把经济建设当作中心。离开了经济建设这个中心，就有丧失物质基础的危险。其他一切任务都要服从这个中心，围绕这个中心，决不能干扰它，冲击它。过去二十多年，我们在这方面的教训太沉痛了"③。

---

① 中共中央文献研究室：《十八大以来重要文献选编》（中），中央文献出版社，2016，第38页。

② 邓小平：《邓小平文选》第三卷，人民出版社，1993，第89页。

③ 邓小平：《邓小平文选》第二卷，人民出版社，1994，第249-250页。

（三）社会主义法制应为经济建设和改革开放服务，保障和促进经济建设和改革开放

正如已经述及的，如果说社会主义法制与社会主义经济建设或者改革开放之间是一种"两手都要抓，两手都要硬"的关系，仅能表明邓小平民主法制思想坚持了"两点论"。与此同时，邓小平民主法制思想并没有将二者等量齐观，而是同时坚持"重点论"，即主张社会主义法制应当为经济建设或者改革开放服务。

1986年7月10日，中共中央发出《中共中央关于全党必须坚决维护社会主义法制的通知》，通知指出，"在新的历史条件下，要认真贯彻落实'一手抓建设，一手抓法制'的思想，全党必须重视社会主义法制建设，各级干部和全体党员要自觉地接受群众的监督和法制的约束，养成依法办事的习惯"，"建设具有中国特色的社会主义法制，是我党的一项伟大历史任务。它是完善社会主义制度的根本保证，是胜利地进行社会主义物质文明和精神文明建设的根本保证，也是国家长治久安的根本保证。全党同志特别是党政军领导机关和领导干部一定要充分认识到加强法制的极端重要性，把法制建设视为己任，时时处处自觉地维护法制。凡是有利于健全、完善社会主义法制的事，就积极去做；凡是不利于健全、完善社会主义法制的事，就坚决不做。当前正在进行包括经济、科技、教育、政治体制等的全面改革，特别要注意通过加强社会主义法制，支持和鼓励改革，正确区分改革中的某些失误与钻改革的空子进行违法犯罪活动的界限，保护广大干部、群众改革的积极性，以促进各项改革的顺利进行，使法制更好地为改革服务"①。可见，在邓小平民主法制思想中，社会主义法制服务于改革开放的理念十分清晰。1987年10月25日，党的十三大报告又指出："我们必须一手抓建设和改革，一手抓法制。法制建设必须贯串于改革的全过程。"具体而言，"一方面，应当加强立法工作，改善执法活动，保障司法机关依法独立行使职权，提高公民的法律意识；另一方面，法制建设又必须保障建设和改革的秩序，使改革的成果得以巩固。应兴应革的事情，要尽可能用法律或制度的形式加以明确。这样才能形成政治、经济和社会生活的新规范，逐步做到：党、政权组织同其他社会

① 中共中央文献研究室：《十二大以来重要文献选编》（下），中央文献出版社，2011，第23-24页。

组织的关系制度化，国家政权组织内部活动制度化，中央、地方、基层之间的关系制度化，人员的培养、选拔、使用和淘汰制度化，基层民主生活制度化，社会协商对话制度化。总之，应当通过改革，使我国社会主义民主政治一步一步走向制度化、法律化。这是防止'文化大革命'重演，实现国家长治久安的根本保证。我国现行的政治体制，是脱胎于革命战争年代而在社会主义改造时期基本确立的，是在大规模群众运动和不断强化指令性计划的过程中发展起来的。它不适应在和平条件下进行经济、政治、文化等多方面的现代化建设，不适应发展社会主义商品经济。对这种状况，要做历史的分析。这种体制，是过去历史条件下的产物。现在形势发展了，党的事业前进了，必须对这种体制进行改革。这是一项艰巨复杂的任务，必须采取坚决、审慎的方针，有领导有秩序地逐步展开，尽可能平稳地推进。在新旧体制交替期间，特别要注意防止工作上的脱节和摩擦。各项改革都要注重实验，鼓励探索，注意找到切实的过渡措施和方法，做到循序渐进。各地条件和情况不同，改革不能'一刀切'。少数民族自治地方和边远地区的改革，应当采取更为稳妥的切合当地实际的步骤。经济特区的改革，可以有更大的灵活性。军队的改革已取得重大成效。军队情况与地方不同，改革部署由中央军委另行研究和决定"①。综上，社会主义法制服务于经济建设或者改革开放的具体方式或者具体功能可表现在以下几个方面：第一，通过社会主义法制建设，可清晰厘定推行改革过程的失误行为与利用改革形成的空白区域所进行的违法犯罪活动之间的边界，从而呵护干部和群众推行改革的积极性和主动性，达到为改革开放服务的法律效果；第二，通过社会主义法制建设，可以建立并维护经济建设或者改革开放所赖以顺利进行的社会秩序，确保经济建设或者改革开放获得安定团结的政治局面；第三，通过社会主义法制建设，能够巩固经济建设或者改革开放所取得的成果，将经济建设或者改革开放的成果以法律和制度的形式确定下来，法律和制度的稳定性、连续性和权威性有助于经济建设和改革开放所取得的成果不轻易发生改变。第四，通过社会主义法制建设，以法律和制度的方式确定各种主体之间的社会关系，进而实现国家经济生活、政治生活、社会生活的规范化，经济建设或者改革开放由

---

① 中共中央文献研究室：《十三大以来重要文献选编》（上），中央文献出版社，2011，第40-41页。

此得以顺利进行。

（四）社会主义法制是建设或者改革开放的题中应有之义

在邓小平民主法制思想的语境中，"改革"具有双重含义：一是狭义的"改革"，仅仅指向经济建设领域；二是广义的"改革"，此时"改革"不仅指向经济领域，还包括政治领域，有时甚至涵摄教育、科技、文化等其他方面。在后者的情形下，社会主义法制就成为改革的重要领域之一，即社会主义法制作为政治体制的重要组成部分，成为政治体制改革的重要内容。因此，在广义的角度上讲，社会主义法制是社会主义现代化建设或者改革开放的题中应有之义。1985年4月15日，邓小平在会见外国领导人时就说，中国所进行的改革是全面的改革，不仅包括经济改革，也包括政治改革①。而政治改革的一个重要内容，就是加强社会主义法制建设，法制建设由此成为建设或改革开放的题中应有之义。

六、社会主义法制与社会主义教育之间的辩证关系

邓小平民主法制思想十分看重法律与教育在社会主义法制建设当中的共同作用，虽然邓小平并没有明确使用"依法治国"和"以德治国"、"法治"和"德治"的表述方式，但他关于社会主义法制与社会主义教育之间辩证关系的论断和观点，却奠定和开启了中国特色社会主义法治理论中依法治国和以德治国相结合的方法论原则。

1985年10月23日，邓小平在会见外国企业家时，提出对于改革开放后出现的少数贪污腐化和滥用权力的现象，应当"通过两个手段来解决，一个是教育，一个是法律"②。1986年3月28日，他在会见外国领导人时，又特地指出："实行开放政策必然会带来一些坏的东西，影响我们的人民。要说有风险，这是最大的风险。我们用法律和教育这两个手段来解决这个问题。"③
1986年6月28日，邓小平在中央政治局常委会发表讲话，指出"我们国家缺少执法和守法的传统，从党的十一届三中全会以后就开始抓法制，没有法制不行。法制观念与人们的文化素质有关"，"所以，加强法制重要的是要进行

---

① 邓小平：《邓小平文选》第三卷，人民出版社，1993，第117页。
② 邓小平：《邓小平文选》第三卷，人民出版社，1993，第148页。
③ 邓小平：《邓小平文选》第三卷，人民出版社，1993，第156页。

教育，根本问题是教育人"①。法律和教育的并举，或者在加强法制的同时，同步注重教育的实施，显然已经在法制之外看到了教育的重要作用，从而将法治和德治相提并论并出现了相互结合、相辅相成的认识趋势。

七、社会主义立法、执法、司法、守法的法制建设格局及其辩证关系

邓小平民主法制思想诞生于"文化大革命"结束之际，其对社会主义法制建设的指导作用必然首先表现为对社会主义法制的健全的关注。因此，就社会主义法制建设格局而言，邓小平民主法制思想对立法的关注最早，也最突显，因为立法是健全社会主义法制和执法、司法、守法的前提。早在1978年12月13日，邓小平就在中央工作会议上发表的著名讲话中指出："现在的问题是法律很不完备，很多法律还没有制定出来。往往把领导人说的话当做'法'，不赞成领导人说的话就叫做'违法'，领导人的话改变了，'法'也就跟着改变。所以，应该集中力量制定刑法、民法、诉讼法和其他各种必要的法律，例如工厂法、人民公社法、森林法、草原法、环境保护法、劳动法、外国人投资法等等，经过一定的民主程序讨论通过，并且加强检察机关和司法机关，做到有法可依，有法必依，执法必严，违法必究。国家和企业、企业和企业、企业和个人等等之间的关系，也要用法律的形式来确定；它们之间的矛盾，也有不少要通过法律来解决。现在立法的工作量很大，人力很不够，因此法律条文开始可以粗一点，逐步完善。有的法规地方可以先试搞，然后经过总结提高，制定全国通行的法律。修改补充法律，成熟一条就修改补充一条，不要等待'成套设备'。总之，有比没有好，快搞比慢搞好。此外，我们还要大力加强对国际法的研究。"②紧接着，1978年12月22日，中国共产党第十一届中央委员会第三次全体会议通过了会议公报。公报指出，加强社会主义法制应"做到有法可依，有法必依，执法必严，违法必究。从现在起，应当把立法工作摆到全国人民代表大会及其常务委员会的重要议程上来。检察机关和司法机关要保持应有的独立性；要忠实于法律和制度，忠实于人民利益，忠实于事实真相；要保证人民在自己的法律面前人人平等，

①　邓小平：《邓小平文选》第三卷，人民出版社，1993，第163页。

②　邓小平：《邓小平文选》第二卷，人民出版社，1994，第146-147页。

不允许任何人有超于法律之上的特权"①。到 1979 年 6 月 28 日，邓小平在会见外国政党领导人时又说，"我们好多年实际上没有法，没有可以遵循的东西"，以后还要"接着制定一系列的法律。我们的民法还没有，要制定；经济方面的很多法律，比如工厂法等等，也要制定。我们的法律是太少了，成百个法律总要有的，这方面有很多工作要做，现在只是开端"②。1980 年 1 月 16 日，邓小平在中央召集的干部会议上发表讲话，提到："在建国以来的二十九年中，我们连一个刑法都没有，过去反反复复搞了多少次，三十几稿，但是毕竟没有拿出来。现在刑法和刑事诉讼法都通过和公布了，开始实行了。全国人民都看到了严格实行社会主义法制的希望。这不是一件小事情啊！"③1980 年 1 月 16 日，邓小平在中央召集的干部会议上发表讲话，指出"法制要在执行中间逐步完备起来，不能等"④，"要讲法制，真正使人人懂得法律，使越来越多的人不仅不犯法，而且能积极维护法律"，"我们要在全国坚决实行这样一些原则：有法必依，执法必严，违法必究，在法律面前人人平等"⑤。鉴于立法是执法、司法和守法的前提，因而邓小平民主法制思想尤为看重立法，希望能够通过完备立法为社会主义法制建设提供前提和基础，汲取"文化大革命"的深刻教训，解决社会主义法制建设中"无法可依"的问题，是当时社会主义法制建设的首要急务，"有法可依"也就成了邓小平民主法制思想的首要论断。与此同时，邓小平民主法制思想也注意到执法、司法和守法对社会主义法制建设的重要意义，"有法必依，执法必严，违法必究"也就紧随"有法可依"之后成为邓小平民主法制思想的重要内容。

由于邓小平民主法制思想建立并坚持"有法可依、有法必依、执法必严、违法必究"的法制建设格局，并格外看重立法工作，从而"有法可依"为法制建设的重点环节，在邓小平民主法制思想的指导下，社会主义法制建设接连取得一系列重要成绩，与之相适应，"有法必依、执法必严、违法必究"的

---

① 中共中央文献研究室：《三中全会以来重要文献选编》（上），中央文献出版社，2011，第 9 页。

② 邓小平：《邓小平文选》第二卷，人民出版社，1994，第 189 页。

③ 邓小平：《邓小平文选》第二卷，人民出版社，1994，第 243 页。

④ 邓小平：《邓小平文选》第二卷，人民出版社，1994，第 255 页。

⑤ 邓小平：《邓小平文选》第二卷，人民出版社，1994，第 254 页。

重要性也日益突显。1982年9月1日，党的十二大指出："几年来，我国法制建设的成就是显著的。在党的领导下，国家相继制定了刑法、刑事诉讼法、民事诉讼法（试行）、新的婚姻法等一系列重要法律。特别是不久即将提交全国人民代表大会通过的新宪法草案，根据党的十一届三中全会以来我国民主建设所取得的成就和已经确定的方针，作出了许多具有重大意义的新规定。这部宪法的通过，将使我国社会主义民主的发展和法制建设进入一个新的阶段。现在的问题是，不但有相当数量的群众，而且有相当数量的党员，包括一些负责干部，对法制建设的重要性还认识不足，有法不依、执法不严的现象在一些方面仍然存在，已经制定的法律还没有得到充分的遵守和执行。这种状况必须加以坚决改变。今后，我们党要领导人民继续制订和完备各种法律，加强党对政法工作的领导，从各方面保证政法部门严格执行法律。在这同时，要在全体人民中间反复进行法制的宣传教育，从小学起各级学校都要设置有关法制教育的课程，努力使每个公民都知法守法。特别要教育和监督广大党员带头遵守宪法和法律。新党章关于'党必须在宪法和法律的范围内活动'的规定，是一项极其重要的原则。从中央到基层，一切党组织和党员的活动都不能同国家的宪法和法律相抵触。党是人民的一部分。党领导人民制定宪法和法律，一经国家权力机关通过，全党必须严格遵守。"[1]1986年4月12日第六届全国人民代表大会第四次会议通过决议，原则批准国务院制定的《中华人民共和国国民经济和社会发展第七个五年计划》，其中第五十五章对"社会民主和法制"作出规划，提出"必须根据宪法和法律，制定各项行政法规，逐步使国家行政管理工作法制化；国家机关工作人员要严格依法办事，克服官僚主义，清除一切腐败现象，切实保护公民的合法权益；司法部门要采取多种形式，积极为经济建设和各项事业提供法律服务；在一切有接受能力的公民中，基本普及法律知识，增强法制观念。公安机关、安全机关、司法机关要加强自身建设"[2]。1986年7月10日，中共中央发出《中共中央关于全党必须坚决维护社会主义法制的通知》。通知指出，"各级人民

---

[1] 中共中央文献研究室：《十二大以来重要文献选编》（上），中央文献出版社，2011，第29-30页。

[2] 中共中央文献研究室：《十二大以来重要文献选编》（中），中央文献出版社，2011，第462-463页。

代表大会是人民行使国家权力的机关。各级党委要加强对人民代表大会工作的领导，坚决支持各级人民代表大会和它的常务委员会依法行使职权。各级人民代表大会及其常务委员会作出政策性的决议、决定，党内事前要经过同级党委原则批准，经过人大及其常委会通过后，党组织和党员必须严格遵守，坚决执行。如有不同看法可以保留意见，可以按组织原则向上反映，但不能拒不执行"。通知还指出，要"充分发挥司法机关的职能，提高司法机关的权威。各级党委要加强对司法工作的领导。党对司法工作的领导，主要是保证司法机关严格按照宪法和法律，依法独立行使职权。各级党组织和广大党员，特别是党政军领导机关和领导干部要坚决支持司法机关坚持原则，秉公执法，做到'有法必依，执法必严，违法必究'和'公民在法律面前人人平等'。坚决帮助司法机关冲破阻力，排除干扰，同一切违法犯罪现象作斗争。司法机关党组织提请党委讨论研究的重大、疑难案件，党委可以依照法律和政策充分发表意见。司法机关应该认真听取和严肃对待党委的意见。但是，这种党内讨论，绝不意味着党委可以代替司法机关的职能，直接审批案件。对案件的具体处理，必须分别由人民检察院和人民法院依法作出决定。对于司法机关依法作出的裁判、决定，任何党政军领导机关和领导干部都无权改变"①。1987年1月22日，第六届全国人民代表大会常务委员会第十九次会议通过了《全国人民代表大会常务委员会关于加强法制教育维护安定团结的决定》。决定指出，"发展社会主义民主，健全社会主义法制，是我们国家面临的一项根本任务。我们一定要进一步加强法制教育，使各级国家机关和国家工作人员、广大人民群众熟悉和掌握宪法和法律，做到人人知法、守法，并且运用法律武器同一切违反宪法和法律的行为作斗争，维护人民的合法的自由、民主和其他权利，维护社会秩序，维护安定团结的政治局面。这样，我们就一定能够比较顺利地建设一个具有高度的社会主义民主和健全的社会主义法制的有中国特色的繁荣富强的社会主义国家"②。1987年10月25日，党的十三大提出"国家

---

①　中共中央文献研究室：《十二大以来重要文献选编》（下），中央文献出版社，2011，第24-25页。

②　中共中央文献研究室：《十二大以来重要文献选编》（下），中央文献出版社，2011，第190页。

的政治生活、经济生活和社会生活的各个方面，民主和专政的各个环节，都应做到有法可依，有法必依，执法必严，违法必究"①。可见，以党的十二大召开作为时间拐点，邓小平民主法制思想对社会主义法制建设的工作格局的思考也发生了明显变化，从更为侧重"有法可依"，发展为同时强调"有法必依""执法必严""违法必究"，这是立法工作进展至一定阶段的必然现象，是立法达到比较完备程度所提出的必然要求。对此，邓小平民主法制思想形成了影响久远的若干重要论点：第一，规定了中国特色社会主义法制建设的主要环节和基本格局。有法可依是对立法的要求，有法必依、执法必严、违法必究则涵摄执法、司法和守法。再加之邓小平民主法制思想对法制宣传教育的关注，立法、执法、守法、司法和法制宣传教育的法制工作格局初步形成。第二，有法可依与有法必依、执法必严、违法必究之间具有密切的逻辑联系，有法可依是有法必依、执法必严、违法必究的前提。结合邓小平民主法制思想所处的时代背景，其前期对有法可依的侧重，后期对有法必依、执法必严和违法必究的强调，与前期立法存在严重空白和后期法律需要实施等法制建设需求相符合，反映出邓小平民主法制思想勇于和善于针对不同形势下的法制建设任务提出不同的、富有针对性的法制建设的指导思想。在此之后并在较长一段时期内，中国特色社会主义法治建设一直秉持着"有法可依、有法必依、执法必严、违法必究"的指导方针，并最终在法治建设取得显著成就的基础上，演化为"科学立法、严格执法、公正司法、全民守法"的新的社会主义法治建设指导方针。

第二节　邓小平民主法制思想的重要意义

邓小平民主法制思想在中国特色社会主义法治建设和中国特色社会主义法治理论发展史中具有十分重要的地位，它在继承毛泽东法律思想的基础上，深刻思考并积极探索了什么是社会主义法治、如何建设社会主义法治这个重大时代命题，至今依然影响着中国特色社会主义法治的建设和中

① 中共中央文献研究室：《十三大以来重要文献选编》（上），中央文献出版社，2011，第40页。

国特色社会主义法治理论的发展。作为马克思主义法治理论中国化的一项重要理论成果，它开启了中国特色社会主义法治理论，指导了中国特色社会主义的法治建设，提出了一系列中国特色社会主义法治理论的初始课题和基本命题，初步形成了中国特色社会主义法治理论的理论原理和方法论原则，为后来中国特色社会主义法治理论的继续深化和发展奠定了坚实的理论基础。

一、开启了中国特色社会主义法治理论

作为中国特色社会主义理论体系重要组成部分的中国特色社会主义法治理论，其起端之处便是邓小平民主法制思想，邓小平民主法制思想是中国特色社会主义法治理论发展的第一个阶段。因此，从思想史的角度研判，作为中国特色社会主义法治理论的开启者，邓小平民主法制思想理应获得崇高名誉。其原因在于，中国特色社会主义法治建设之所以能够继往开来、不断取得显著成就并大致在今日习近平法治思想指导之下全面推进依法治国、建设社会主义法治国家的历史成就，作为指导思想和行动指南的中国特色社会主义法治理论自然厥功至伟。于此而言，开启中国特色社会主义法治理论的邓小平民主法制思想的确应该获得应有的殊荣。

二、指导了中国特色社会主义法治建设

作为中国特色社会主义法治理论重要组成部分的邓小平民主法制思想，自然直到今天仍然是中国特色社会主义法治建设的指导思想和行动指南之一，其仍将继续为日后的中国特色社会主义法治建设提供理论营养和学理支撑。但更加需要指明的是，邓小平民主法制思想所赖以生发并加以具体指导的中国特色社会主义法治建设，即党的十一届三中全会至十三届四中全会期间的我国法治建设，肇始于"文化大革命"结束伊始，中国特色社会主义法治建设处于起步阶段，其所面对的实践难题超乎今人之想象。邓小平民主法制思想勇于并善于回答中国特色社会主义法治建设中重大的现实问题和理论问题，以极大的理论勇气不断推进中国特色社会主义法治建设向前发展，并同时逐渐实现自我的丰富和深化。

三、提出了中国特色社会主义法治理论的初始课题和基本命题，初步形成了中国特色社会主义法治理论的理论原理和方法论原则

作为中国特色社会主义法治理论的"初始理论"或"初始形态"，邓小平民主法制思想自然具有"开山问鼎"的创始功效，它提出了一系列中国特色社会主义法治理论的初始课题和基本命题。而这些初始课题和基本命题又由于党的十一届三中全会所确立的路线、方针和政策在以后的中国特色社会主义建设中并未发生实质性变化，故而实际上逐步演化为中国特色社会主义法治理论的理论原理和方法论原则，如其中民主与法制之间的辩证关系、党的领导与法制建设之间的辩证关系、法制建设与反对腐败之间的辩证关系、法律与教育之间的辩证关系、法制建设与改革开放之间的辩证关系等，无不贯穿于中国特色社会主义法治理论的始终。

第三章　实行依法治国基本方略、建设社会主义法治国家的思想

第一节　实行依法治国基本方略、建设社会主义法治国家的思想的核心要义

自1989年党的十三届四中全会至2002年党的十六大的十三年期间，以江泽民同志为核心的党中央在继承邓小平同志开辟的中国特色社会主义法治道路，继续推进政治体制改革，扩大社会主义民主，并在继承邓小平民主法制思想的基础上提出了依法治国、建设社会主义法治国家的重要方略。1989年6月，党的十三届四中全会提出，社会主义民主法制建设要抓紧进行。1991年7月，党中央对有中国特色社会主义的政治作出概括，对继续推进政治体制改革提出了具体要求。1992年10月，党的十四大提出，要积极推进政治体制改革，使社会主义民主和法制建设有一个较大的发展。1997年9月，党的十五大提出，要在党的领导下，在人民当家作主的基础上，依法治国，发展有中国特色社会主义民主政治，并对此提出了明确要求。同时，党的十五大把依法治国提到党领导人民治理国家的基本方略的高度，提出建设社会主义法治国家，要坚持党的领导、发扬人民民主和严格依法办事统一起来，从制度和法律上保证党的基本路线和基本方针的贯彻实施，保证党始终发挥总揽全局、协调各方的领导核心作用。经过十多年的努力，社会主义法制建设取得了重大进展，形成了有中国特色社会主义法律体系框架，我国政治、经济、社会生活的基本方面已经做到了有法可依。执法、司法、普法和依法治理工作也深入发展[①]。

[①] 江泽民：《江泽民文选》第二卷，人民出版社，2006，第535—536页。

从思想发展史的角度观察，党的十三届四中全会以后，以江泽民同志为主要代表的当代中国共产党人，高举毛泽东思想、邓小平理论伟大旗帜，坚持以发展着的马克思主义指导发展着的实践，准确把握时代特征，科学判断党所处的历史方位，紧紧围绕建设中国特色社会主义这个主题，集中全党智慧，总结实践经验，以马克思主义的巨大理论勇气进行理论创新，逐步形成"三个代表"重要思想这一科学理论[①]。"三个代表"重要思想提出了"关于建设社会主义政治文明、发展社会主义民主政治的思想"，"关于实行依法治国基本方略、建设社会主义法治国家的思想"，"关于实行依法治国和以德治国相结合的思想"和"关于推动社会主义物质文明、政治文明、精神文明协调发展的思想"[②]。其中，实行依法治国基本方略、建设社会主义法治国家的思想，最能体现和表达"三个代表"重要思想中的法治思想。实行依法治国基本方略、建设社会主义法治国家的思想，既是"三个代表"重要思想的重要组成部分，又是中国特色社会主义法治理论的重要组成部分。它是中国特色社会主义法治理论中继邓小平民主法制思想之后的第二个重要发展阶段。如果说中国特色社会主义法治理论的理念思想最初诞生于邓小平民主法制思想，那么同样可以说，中国特色社会主义法治理论的话语体系初步形成于实行依法治国基本方略、建设社会主义法治国家的思想当中。中国特色社会主义法治理论中的概念、术语、定义、话语及其体系，大都肇始于此。这是实行依法治国基本方略、建设社会主义法治国家的思想继承和创新邓小平民主法制思想的结果，也是中国特色社会主义法治理论不断发展并走向成熟的表现。

一、社会主义法制建设和依法治国的重要意义

在实行依法治国基本方略、建设社会主义法治国家的思想中，社会主义法制建设和依法治国的重要意义可以在以下几个方面得到展开：第一，依法治国作为党领导人民治理国家的基本方略，其与国家战略之间具有密切的逻辑联系。具体而言，法治方略作为国家战略的重要组成部分，应当服从并服务于社会主义现代化建设这一国家战略。第二，社会主义法制建设和依法治

---

① 胡锦涛：《胡锦涛文选》第二卷，人民出版社，2016，第490页。

② 胡锦涛：《胡锦涛文选》第二卷，人民出版社，2016，第492页。

国的重要意义是多元的、广泛的、辐射的。在经济角度上，社会主义法制建设和依法治国，应适应社会主义市场经济发展的需要，为改革开放提供法治支撑。在政治角度上，社会主义法制建设和依法治国保障人民民主，保证人民依法行使管理国家和社会的各项权利。在社会角度上，社会主义法制和依法治国能够维护国家的长治久安与安全稳定。第三，社会主义法制建设和依法治国还能够保障和促进中国人权事业的发展。

1989年6月24日，江泽民在党的十三届四中全会上发表讲话，他在分析应怎样彻底消除动乱产生的思想、政治、经济、社会因素并进而保证党和国家长治久安时指出，"民主法制建设要抓紧进行"，以"保证党和国家的政策和工作能够充分体现人民的利益，保证各级干部置于人民群众的有效监督之下"①。法制建设的重要意义仍然聚焦于民主政治的发展，民主和法制之间的关系严格遵循着邓小平民主法制思想的界定。1990年3月18日，江泽民在参加七届全国人大三次会议的党员负责同志会议上发表讲话，指出"建设高度的社会主义民主和完备的法制，是我们的根本目标和根本任务之一，也是人民群众的共同愿望"②。社会主义法制建设虽然致力于人民民主的实现，但却获得了与社会主义民主同样的政治地位，系国家的根本目标和根本任务之一，社会主义法制建设由此获得自身特有的战略地位。1992年10月12日，江泽民代表第十三届中央委员会在党的十四大上做报告。他在回顾党带领人民进行的过去十四年的伟大实践时，指出党提出的"一手抓经济建设，一手抓民主法制"等一系列"两手抓"战略方针，为实现改革和建设的顺利进行提供了强有力的思想和政治保证③。这一方面指出法制建设对改革和经济建设的政治保证作用，另一方面意味着实行依法治国基本方略、建设社会主义法治国家的思想将继续秉承经济建设和民主法制"两手都要抓、两手都要硬"的法治思想。故而，党的十四大在谋划20世纪90年代的改革和建设时，江泽民特别强调："最根本的是坚持党的基本路线，加快改革开放，集中精力把经济建设搞上去。同时，要围绕经济建设这个中心，加强社会主义民主法

---

① 江泽民：《江泽民文选》第一卷，人民出版社，2006，第62页。
② 江泽民：《江泽民文选》第一卷，人民出版社，2006，第111页。
③ 江泽民：《江泽民文选》第一卷，人民出版社，2006，第215页。

制和精神文明建设，促进社会全面进步。"①促进和实现"社会全面进步"成为法制建设在新的时代背景下所具备的新的时代意义。1996年2月8日，江泽民在中共中央举办的法制讲座上发表讲话，首次提出"依法治国"，并着重指出："依法治国是社会进步、社会文明的一个重要标志，是我们建设社会主义现代化国家的必然要求。经过全党全社会共同努力，随着社会主义民主法制建设的日益加强，随着社会主义市场经济体制的建立和完善，我们党和政府依法治国的水平必将不断提高。"②"依法治国"的首次提出，虽尚未获得清晰的概念界定，但却由此引发中国特色社会主义法治理论话语体系的重大变化。自此以后的较长一段时期内，尽管出现了"依法治国"与"法制建设"并存的局面，但实际上"依法治国"的应用日益广泛并逐渐吸收了"法制建设"的内涵和外延。同时，"依法治国"开始与社会进步和社会文明相连接，并由此获得自身独立的本体层面的价值和意义。1997年2月25日，江泽民在邓小平同志追悼大会上致悼词，他号召全党全军全国各族人民继承邓小平同志的遗志和按照邓小平同志的教导，巩固和发展人民民主专政的国家政权，"发扬社会主义民主，健全社会主义法制，依法治国，不断发展安定团结、生动活泼的政治局面"③。"发扬社会主义民主"和"健全社会主义法制"具有明显的邓小平民主法制思想的特征，其间的"依法治国"却未曾见诸邓小平关于民主法制的论述之中。"依法治国"紧随"健全社会主义法制"之后的表述方式，说明以江泽民同志为主要代表的中国共产党人等对邓小平民主法制思想的认识处于不断深化过程之中，并在此基础上结合新的历史时期中的中国特色社会主义法治建设，逐渐形成自身的法治话语体系和思想体系。

　　1997年2月27日，江泽民在参加八届全国人大五次会议、全国政协八届五次会议的党员负责同志会议上发表讲话，指出"发展社会主义民主，健全社会主义法制，对于发挥人民群众的积极性和创造性，保护广大人民群众的权益，保证改革开放和现代化建设顺利进行，保证国家长治久安，具有重大意义"。他还强调，"加强社会主义民主法制建设，是我们建设有中国特色社会主义理论和实践的重要组成部分"。他还提出，"依法治国是新的历史条件

---

① 江泽民：《江泽民文选》第一卷，人民出版社，2006，第224页。

② 江泽民：《江泽民文选》第一卷，人民出版社，2006，第513页。

③ 江泽民：《江泽民文选》第一卷，人民出版社，2006，第636-637页。

下党领导人民建设和治理国家的基本方略"①。根据此项论断，社会主义法制建设的重大意义开始由单向走向多向、一元走向多元，并可以综合或概括为如下多元价值：一是保障人民民主，二是保证改革开放和现代化建设，三是维系国家长治久安。此外，社会主义法制建设的重大意义，还被内嵌于中国特色社会主义之中，系中国特色社会主义理论和实践的重要组成部分，这也是当法制建设并提升至社会主义现代化建设的战略高度之后，第一次从理论的角度上将法制建设纳入中国特色社会主义法治理论体系当中。当然，将依法治国视为"新的历史条件下党领导人民建设和治理国家的基本方略"，在中国特色社会主义法治理论发展中更是具有里程碑式的意义。一是自"依法治国"提出仅一年之后，便获得了"基本方略"的理论地位和实践地位，以江泽民同志为主要代表的中国共产党人等之所以能够在如此短暂的时间之内取得如此卓越的理论认知，一方面是因为能够坚定地、完整地继承邓小平民主法制思想，另一方面是因为能够立足当时历史时期中国特色社会主义法治建设的具体实际。二是继承邓小平民主法制思想，继续以民主政治建设为观测法制建设的切入点，成功地界定了依法治国的基本方略地位，"党领导人民建设和治理国家的基本方略"的定义性表述，同时涵摄党的领导、人民主体地位和法治三项基本原则，规定了依法治国的政治性、人民性和法治性，奠定了中国特色社会主义法治理论中"依法治国"理论范畴的基本内涵。1997年9月12日，江泽民代表党的十四届中央委员会在党的十五大上做报告。他指出，过去五年来，精神文明建设迈出新的步伐，其中"社会主义民主和法制建设取得重大进展，制定了一系列适应社会主义市场经济发展的法律和法规，加强了执法和司法工作"。他同时提出，应当根据邓小平理论和基本目标，围绕建设富强民主文明的社会主义现代化国家的目标，进一步明确什么是社会主义初级阶段有中国特色社会主义的政治以及怎样建设这样的政治。他指出，建设有中国特色社会主义的政治，就是在中国共产党领导下，在人民当家作主的基础上，依法治国，发展社会主义民主政治。其中应"发展民主，健全法制，建设社会主义法治国家"，是党在社会主义初级阶段的基本纲领的内容之一。在报告政治体制改革和民主法制建设时，他指出："我国经济体制改革的深入和社会主义现代化建设跨越世纪的发展，要求我们在坚持四

---

① 江泽民：《江泽民文选》第一卷，人民出版社，2006，第641、644页。

项基本原则的前提下，继续推进政治体制改革，进一步扩大社会主义民主，健全社会主义法制，依法治国，建设社会主义法治国家。"①依法治国的重要意义在党的十五大中得到了新的表述并获得了新的界定：第一，"依法治国"获得了成型的定义并一直沿用至今，即依法治国是广大人民群众在党的领导下，依照宪法和法律规定，通过各种途径和形式管理国家事务，管理经济文化事业，管理社会事务，保证国家各项工作都依法进行，逐步实现社会主义民主的制度化、法律化，使这种制度和法律不因领导人的改变而改变，不因领导人看法和注意力的改变而改变；第二，"依法治国基本方略"最终形成稳定的表述方式，即依法治国是党领导人民治理国家的基本方略；第三，依法治国作为党领导人民治理国家的基本方略与社会主义现代化建设的国家战略发生更加紧密的逻辑联系，法治方略的意义在国家战略之中的地位和意义得到进一步突显；第四，法治方略的根本意义在于服务并服从于社会主义现代化建设的国家战略，同时其直接意义在于发展社会主义民主政治，依法治国、建设社会主义法治国家从而作为国家政治体制改革的重要方面的面貌获得更加清晰的表述。

　　1997年11月1日，江泽民访问美国期间在哈佛大学发表演讲，他指出，我国现在正在满怀信心地全面推进改革，"在政治上，要努力发展社会主义民主政治，依法治国，建设社会主义法治国家，保证人民充分行使管理国家和社会事务的权力"②。可见，即使是在国际外交语境下，依法治国的重要意义仍然立足于对社会主义民主政治的发展和对人民当家作主权利的保障，这也是中国特色社会主义法治理论不同于西方资本主义法治理论的实质所在和优势所在。1997年11月19日，江泽民在全国金融工作会议上发表讲话。他指出："依法治国，是发展社会主义市场经济的客观需要，也是实现国家长治久安的重要保障。"③依法治国的重要意义的双重属性十分明显，其既具有经济维度的意义，又具有政治维度的意义，易言之，依法治国的重要价值和意义具有经济和政治的双重属性。1998年12月10日，江泽民就《世界人权宣言》发表五十周年致中国人权研究会贺信，他指出："我们要继续加强民主法

---

①　江泽民：《江泽民文选》第二卷，人民出版社，2006，第6页，第17、28页。

②　江泽民：《江泽民文选》第二卷，人民出版社，2006，第63页。

③　江泽民：《江泽民文选》第二卷，人民出版社，2006，第75页。

制建设，依法治国，建设社会主义法治国家，进一步推进我国人权事业，充分保障人民依法享受人权和民主自由权利。"①1999年10月22日，江泽民访问英国期间在剑桥大学发表演讲，他指出："中国集中力量发展经济，促进社会全面进步，坚持发展社会主义民主，建设社会主义法治国家，都是为了促进中国人民的人权事业。"②自此之后，实行依法治国基本方略、建设社会主义法治国家的思想又做出了一项创新性的贡献，它在保障人民民主的基础上，为依法治国注入了保障和促进人权的瞩目功能，人权也成为中国特色社会主义法治理论中一项十分重要的理论概念，法制建设和依法治国的意义和价值也借以呈现出充足的实践张力。2000年1月20日，江泽民在中央政治局会议上发表讲话，回顾了过去十年来中央政治局常委会的工作，他在讲话的最后指出："法律很重要。法律是统治阶级意志的体现。我国社会主义法律制度，是我们党领导人民进行革命、建设、改革实践经验的总结和体现，是我国社会主义制度的重要组成部分。我们的实践十分广阔，并不是也不可能是全部实践活动从一开始都立即反映到法律规范中来，而只能是逐步将各种体现人民共同意志和利益的成熟的实践经验用法律的形式确定下来。"③这表明，社会主义法律制度已经成为中国特色社会主义制度的组成部分，这也是实行依法治国基本方略、建设社会主义法治国家的思想对依法治国所赋予最高的制度性的定位。2000年5月14日，江泽民在上海主持召开江苏、江浙、上海党建工作座谈会上发表讲话，提出按照党的十五大确定的改革和发展目标，在今后十年中，"在政治上，要继续推进政治体制改革，进一步扩大社会主义民主，健全社会主义法制，依法治国，建设社会主义法治国家，保持社会政治稳定"④。依法治国作为政治体制改革的重要组成部分，将保持社会政治稳定的功能内涵于自身的本体价值之中。

二、社会主义法制和依法治国与社会主义民主之间的辩证关系

实行依法治国基本方略、建设社会主义法治国家的思想继承邓小平民主

---

① 江泽民：《江泽民文选》第二卷，人民出版社，2006，第54页。
② 江泽民：《江泽民文选》第二卷，人民出版社，2006，第56页。
③ 江泽民：《江泽民文选》第二卷，人民出版社，2006，第575页。
④ 江泽民：《江泽民文选》第三卷，人民出版社，2006，第10页。

法制思想关于社会主义法制与社会主义民主之间辩证统一关系的基本论断，并在此基础之上，结合时代发展的需要特别是社会主义市场经济发展的需要，不断创新并进而形成了自身的、独具体系的一系列理论观点。

1.社会主义民主和社会主义法制同为社会主义不可或缺的共同组成部分，二者密切联系、相互结合、不可分割。1993年12月26日，江泽民在毛泽东同志一百周年诞辰纪念大会上发表讲话，指出"我们必须坚持发展社会主义民主，努力建设和完善有中国特色的民主政治"，"人民民主是社会主义的本质要求。这种民主，是实现全体人民利益的民主，是与社会主义法制必然结合在一起、保障有领导有秩序地进行社会主义建设的民主。没有人民民主和统一的法制就没有社会主义，就没有社会主义现代化"①。社会主义民主和社会主义法制统一于社会主义，统一于社会主义现代化建设之中。

2.社会主义法制与社会主义民主相适应，社会主义法制体现和保障社会主义民主，党的领导是社会主义法制与社会主义民主相结合的前提和保证，党的领导就是要保证人民依法行使管理国家的权利。1998年12月18日，江泽民在纪念党的十一届三中全会召开二十周年大会上发表讲话，总结了二十年来我们党的十一个方面的主要历史经验，其中之一就是必须坚持建设有中国特色社会主义民主政治。他指出："我们的社会主义民主，是全国各族人民享有的最大的民主，它的本质就是人民当家作主。共产党执政，就是领导和支持人民掌握和行使管理国家的权力，实行民主选举、民主决策、民主管理、民主监督，保证人民依法享有广泛的权利和自由，尊重和保护人权。民主总是同法制结合在一起的，什么样的民主就由什么样的法制来体现和保障。社会主义民主是同社会主义法制相结合的。依法治国，建设社会主义法治国家，是党领导人民治理国家的基本方略。要努力实现社会主义民主的制度化、法律化，使这种制度和法律不因领导人的改变而改变，不因领导人看法和注意力的改变而改变。党通过国家权力机关制定宪法和法律，并自觉在宪法和法律范围内活动，以实现党对国家的领导同依法治国的统一，保证党始终发挥总揽全局、协调各方的领导核心作用。"②如果邓小平民主法制思想对待社会主义民主和法制二者之间辩证关系时所持有的"两点论"与"重点论"相

① 江泽民：《江泽民文选》第一卷，人民出版社，2006，第356-357页。

② 江泽民：《江泽民文选》第二卷，人民出版社，2006，第257-258页。

统一的方法论原则，实现依法治国基本方略、建设社会主义法治国家的思想在主张社会主义民主与法制相统一、相结合的基础之上，努力进一步构建二者之间的有机联系，指出社会主义法制必须与民主相适应，社会主义法制系对社会主义民主的体现和保证。不难看出，在二者之间的辩证关系中，社会主义民主依然是主要方面。

3. 社会主义法制和依法治国的目的之一在于实现社会主义民主的制度化和法律化，人民民主专政是民主基础上的依照法律进行的专政。2001年4月2日，江泽民在全国社会治安工作会议上发表讲话，指出"发展社会主义民主，必须与加强社会主义法制结合起来，坚持依法治国的基本方略，促进社会主义民主的制度化、法律化"①。他还提出将依法治国与人民民主专政对立起来的观点是错误的，因为"从本质上说，人民民主专政就是依照宪法和法律规定，在人民民主的基础上，由国家机构来行使专政的职能，两者是统一的，而不是相互对立的"②。既然民主是社会主义民主与法制二者之间辩证关系的主要方面，则依法治国对于民主的价值和意义便是逐步实现社会主义民主的制度化和法律化。从作为我国国体的人民民主专政的角度观察，对人民依法实行民主和对敌人依法实行专政，则意味着依法治国与人民民主专政并无冲突和对立之处，而是相互统一的关系。

三、党的领导与社会主义法制建设和依法治国之间的辩证关系

实行依法治国基本方略、建设社会主义法治国家的思想在邓小平民主法制思想的基础上，一如既往地尤为看重党的领导与依法治国之间的辩证关系，并朝着更加精致和具体的方向深化和发展。

1. 社会主义法制建设不能偏离社会主义方向和轨道，不走西方资产阶级自由化道路。1989年6月24日，江泽民在党的十三届四中全会上发表讲话，他在分析怎样彻底消除动乱产生的思想、政治、经济、社会因素并进而保证党和国家长治久安时指出："我们的民主法制建设，决不能离开社会主义的方向和轨道，决不能引进西方资产阶级的那套所谓'民主'、'自由'的制

---

① 江泽民：《江泽民文选》第三卷，人民出版社，2006，第221页。
② 江泽民：《江泽民文选》第三卷，人民出版社，2006，第222页。

度。"①对社会主义方向和轨道的强调，自然是着重于我国法制建设的社会主义属性，而对党的领导的坚持，自然是社会主义属性的题中应有之义。

2.中国共产党是执政党，党的执政地位通过党对国家政权机关的领导得以实现，党的执政地位表现为总揽全局、协调各方。1989年12月29日，江泽民在中共中央宣传部等部门举办的党建理论研究班上发表讲话，指出"我们党是执政的党，党的领导要通过执政来体现"，"按照我国宪法的规定，各级政权组织，包括人大、政府和司法机关，都必须接受中国共产党的领导"②。1990年3月18日，江泽民在参加七届全国人大三次会议的党员负责同志会议上发表讲话。他强调："我们党是执政的党，党的执政地位是通过党对国家政权机关的领导来实现的。如果放弃了这种领导，就谈不上执政地位。各级政权机关，包括人大、政府、法院、检察院，都必须接受党的领导，任何削弱、淡化党的领导的想法和做法，都是错误的。"③1998年12月18日，江泽民在纪念党的十一届三中全会召开二十周年大会上发表讲话，指出："党通过国家权力机关制定宪法和法律，并自觉在宪法和法律范围内活动，以实现党对国家的领导同依法治国的统一，保证党始终发挥总揽全局、协调各方的领导核心作用。"④在依法治国之中坚持党的领导，实行依法治国基本方略、建设社会主义法治国家的思想选择党的执政作为切入点进行思考和探索：第一，党的领导不是抽象的，而是具体的，党的领导要通过党的执政来体现；第二，在依法治国的角度上，党的执政在法治领域的具体表现是各级政权机关都必须接受党的领导，即具体表现为党对国家的领导；第三，党的领导与依法治国的统一，关键在于党通过国家权力机关制定宪法法律并自觉在宪法法律范围内活动。

3.国家法律是党的主张和人民意志的统一。1997年2月27日，江泽民在参加八届全国人大五次会议、全国政协八届五次会议的党员负责同志会议上发表讲话，指出"国家法律，是党的主张和人民意志相统一的表现，一经制定并付诸实施，各地区各部门必须一律遵照执行"，"各级干部特别

---

① 江泽民：《江泽民文选》第一卷，人民出版社，2006，第59、62页。
② 江泽民：《江泽民文选》第一卷，人民出版社，2006，第92页。
③ 江泽民：《江泽民文选》第一卷，人民出版社，2006，第112页。
④ 江泽民：《江泽民文选》第二卷，人民出版社，2006，第258页。

是领导干部都要从自身做起，带头维护国家的政令和法制统一，自觉反对和防止地方保护主义、部门保护主义"①。国家法律是党的主张和人民意志的统一，对于实行依法治国基本方略、建设社会主义法治国家的思想而言，具有极为特殊的重要意义。就法理而言，既然国家法律是党的主张和人民意志的统一，那么服从法律，就是服从党的领导，服从党的领导，就应当遵守国家法律。

四、党的领导、人民当家作主和依法办事之间的辩证关系

实行依法治国基本方略、建设社会主义法治国家的思想继承并创新了邓小平民主法制思想关于党的领导与依法办事相统一的观点，先是提出党的领导、充分发扬人民民主与严格依法办事相统一，后又提出党的领导、人民当家作主与严格依法办事相统一，为后来中国特色社会主义法治理论中"党的领导、人民当家作主和依法治国相统一"提供了理论准备和思想基础。

1990年3月18日，江泽民在参加七届全国人大三次会议的党员负责同志会议上发表讲话，指出："各级党组织，包括人大党组，都要遵守党章关于'党必须在宪法和法律的范围内活动'的原则，遵守宪法关于'任何组织或者个人都不得有超越宪法和法律的特权'的规定。我们党领导人民制定了宪法和法律，也要领导人民遵守宪法和法律。宪法和法律体现了党的主张和人民意志的统一。党员遵守宪法和法律就是遵从人民的意志、服从党的领导。所有党组织、党员尤其是领导干部的言行，都不得同宪法和法律相抵触。加强党的领导同充分发扬民主和严格依法办事是一致的。"②1997年9月12日，江泽民在党的十五大上做报告，指出："党领导人民制定宪法和法律，并在宪法和法律范围内活动。依法治国把坚持党的领导、发扬人民民主和严格依法办事统一起来，从制度和法律上保证党的基本路线和基本方针的贯彻实施，保证党始终发挥总揽全局、协调各方的领导核心作用。"③2002年2月18日，江泽民就关于十六大报告起草工作作出批示，他指出："要继续推进政治建设和政治体制改革，坚持发展社会主义民主政

---

① 江泽民：《江泽民文选》第一卷，人民出版社，2006，第644-645页。

② 江泽民：《江泽民文选》第一卷，人民出版社，2006，第113页。

③ 江泽民：《江泽民文选》第二卷，人民出版社，2006，第29页。

治，建设社会主义法治国家。必须始终坚持四项基本原则。发展社会主义民主政治，坚持党的领导、人民当家作主和依法办事，三者缺一不可，关系要说清楚。"①可见，在实行依法治国基本方略、建设社会主义法治国家的思想看来，随着法治建设战略地位的不断提高，依法治国与党的领导、人民当家作主之间的辩证关系也日益清晰：党的领导、人民当家作主和依法办事统一于依法治国之中，依法治国确定了党在法治建设中的领导地位和广大人民群众在法治建设中的主体地位。

五、"依法治国"的内涵和外延

实行依法治国基本方略、建设社会主义法治国家的思想对中国特色社会主义法治理论的标志性贡献，在于它在继承邓小平民主法制思想的基础上，首创"依法治国"的概念和命题，并将依法治国提升至党领导人民治理国家基本方略的重要地位。实行依法治国基本方略、建设社会主义法治国家的思想，继续采用邓小平民主法制思想中民主政治的方法论原则，将"依法治国"定义为"广大人民群众在党的领导下，依照宪法和法律规定，通过各种途径和形式管理国家事务，管理经济文化事业，管理社会事务，保证国家各项工作都依法进行，逐步实现社会主义民主的制度化、法律化，使这种制度和法律不因领导人的改变而改变，不因领导人看法和注意力的改变而改变"②。

1991年7月1日，江泽民在庆祝建党七十周年大会上发表讲话，指出我们应该牢牢把握有中国特色社会主义政治的基本要求③，不断加强社会主义民主法制建设，安定团结、生动活泼的政治局面，保证人民当家作主和国家的长治久安。他还提出，要进一步有领导有步骤地推进政治体制改革，其中应"进一步健全社会主义法制，加强对群众、特别是各级干部的法制教育，

---

① 江泽民：《江泽民文选》第三卷，人民出版社，2006，第440页。

② 江泽民：《江泽民文选》第二卷，人民出版社，2006，第28—29页。

③ 既有中国特色社会主义的政治，必须坚持工人阶级领导的、以工农联盟为基础的人民民主专政，不能削弱和放弃人民民主专政；必须坚持和完善人民代表大会制度，不能搞西方那种议会制度；必须坚持和完善中国共产党领导的多党合作和政治协商制度，不能削弱和否定共产党的领导，不能搞西方那种多党制。

做到有法可依、有法必依、执法必严、违法必究，切实保障人民群众依法管理国家事务、经济和文化事业、社会事务的权利和其他民主权利，保证各项事业在社会主义法制的轨道上健康发展"①。1996年2月8日，江泽民在中共中央举办的法制讲座上发表讲话，指出："加强社会主义法制建设，依法治国，是邓小平建设有中国特色社会主义理论的重要组成部分，是我们党和政府管理国家和社会事务的重要方针。实行和坚持依法治国，就是使国家各项工作逐步走上法制化的轨道，实现国家政治生活、经济生活、社会生活的法制化、规范化；就是广大人民群众在党的领导下，依照宪法和法律的规定，通过各种途径和形式，管理国家事务，管理经济和文化事业，管理社会事务；就是逐步实现社会主义民主的制度化、法律化。实行和坚持依法治国，对于推动经济持续、快速、健康发展和社会全面进步，保障国家长治久安，具有十分重要的意义。"②1997年9月12日，江泽民在党的十五大上做报告，指出："发展民主必须同健全法制紧密结合，实行依法治国。依法治国，就是广大人民群众在党的领导下，依照宪法和法律规定，通过各种途径和形式管理国家事务，管理经济文化事业，管理社会事务，保证国家各项工作都依法进行，逐步实现社会主义民主的制度化、法律化，使这种制度和法律不因领导人的改变而改变，不因领导人看法和注意力的改变而改变。依法治国，是党领导人民治理国家的基本方略，是发展社会主义市场经济的客观需要，是社会文明进步的重要标志，是国家长治久安的重要保障。"③概言之，实现依法治国基本方略、建设社会主义法治国家的思想对"依法治国"的定义具有如下显著特征：第一，继承了邓小平民主法制思想对社会主义法制建设的定义性描述及蕴含其中的思想观点。显然，邓小平民主法制思想中以健全社会主义法制的途径达到逐步实现社会主义民主制度化、法律化的目的以及使制度和法律不因领导人的改变而改变、不因领导人看法和注意力的改变而改变的观点，为实行依法治国基本方略、建设社会主义法治国家的思想所吸收；第二，继承了邓小平民主法制思想以民主政治角度切入，从而定义法治建设的方法论原则。

① 江泽民：《江泽民文选》第一卷，人民出版社，2006，第155-156、158页。
② 江泽民：《江泽民文选》第一卷，人民出版社，2006，第511页。
③ 江泽民：《江泽民文选》第二卷，人民出版社，2006，第28-29页。

六、立法、执法、司法、守法和普法的法治建设工作格局

实行依法治国基本方略、建设社会主义法治国家的思想，吸收了邓小平民主法制思想关于社会主义法制建设主体内容的思想，结合中国特色社会主义法治建设的具体实际，初步设计并形成了立法、执法、司法、守法和普法的法治建设工作格局。1992年10月12日，江泽民代表第十三届中央委员会在党的十四大上做报告。他指出，应高度重视法制建设，"加强立法工作，特别是抓紧制订与完善保障改革开放、加强宏观经济管理、规范微观经济行为的法律和法规，这是建立社会主义市场经济体制的迫切要求。要严格执行宪法和法律，加强执法监督，坚决纠正以言代法、以罚代刑等现象，保障人民法院和人民检察院依法独立进行审判和检察。加强政法部门自身建设，提高人员素质和执法水平。要把民主法制实践和民主法制教育结合起来，不断增强广大干部群众的民主意识和法制观念"①。1996年2月8日，江泽民在中共中央举办的法制讲座上发表讲话，指出"加强社会主义法制建设，坚持依法治国，一项重要任务是不断提高广大干部群众的法律意识和法制观念。思想是行动的先导。干部依法决策、依法行政是依法治国的重要环节。公民自觉守法、依法维护国家利益和自身权益是依法治国的重要基础。广大干部群众法律水平的高低，直接影响着依法治国的进程"。"因此，加强社会主义法制建设必须同时从两个方面着手，既要加强立法工作，不断健全和完善法制；又要加强普法教育，不断提高干部群众遵守法律、依法办事的素质和自觉性。二者缺一不可，任何时候都不可偏废"②。1997年9月12日，江泽民在党的十五大上做报告，指出应加强法制建设，"坚持有法可依、有法必依、执法必严、违法必究，是党和国家事业顺利发展的必然要求。加强立法工作，提高立法质量，到二〇一〇年形成有中国特色社会主义法律体系。维护宪法和法律的尊严，坚持法律面前人人平等，任何人、任何组织都没有超越法律的特权。一切政府机关都必须依法行政，切实保障公民权利，实行执法责任制和评议考核制。推进司法改革，从制度上保证司法机关依法独立公正地行使审判权和检察权，建立冤案、错案责任追究制度。加强执法和司法队伍建

---

① 江泽民：《江泽民文选》第一卷，人民出版社，2006，第236页。

② 江泽民：《江泽民文选》第一卷，人民出版社，2006，第512-513页。

设。深入开展普法教育，增强全民的法律意识，着重提高领导干部的法制观念和依法办事能力"①。2000年1月20日，江泽民在中央政治局会议上发表讲话，回顾了过去十年来中央政治局常委会的工作，指出十年来，"社会主义法制建设取得重大进展，形成了有中国特色社会主义法律体系框架，我国政治、经济、社会生活的基本方面已经做到了有法可依。执法、司法、普法和依法治理工作也深入发展"②。2001年4月2日，江泽民在全国社会治安工作会议上发表讲话，指出："发展社会主义民主，必须与加强社会主义法制结合起来，坚持依法治国的基本方略，促进社会主义民主的制度化、法律化，有法必依、执法必严、违法必究，同时把依法治国与以德治国结合起来，以保障国家各项工作都有秩序地进行，保障良好的经济和社会秩序，保障广大人民群众的公民权利和合法权益。"③实行依法治国基本方略、建设社会主义法治国家的思想关于立法、执法、司法、守法和普法等法治建设工作格局的观点，内生于邓小平民主法制思想中"有法可依、有法必依、执法必严、违法必究"的法制建设指导方针和加强法制宣传教育的工作要求，并进行了理论话语体系的创新："有法可依"演化为"立法"，"有法必依"和"执法必严"总结为"执法"，"执法必严"和"违法必究"提炼为"司法"，法制宣传教育被区分为"守法"和"普法"。

七、依法治国与改革开放和经济建设之间的辩证关系

实行依法治国基本方略、建设社会主义法治国家的思想，一方面认为依法治国应当适应和满足社会主义市场经济的发展需要，另一方面认为社会主义法律制度是党领导人民进行革命、建设和改革实践经验的总结和体现。1996年2月8日，江泽民在中共中央举办的法制讲座上发表讲话，指出："世界经济的实践证明，一个比较成熟的市场经济，必然要求并具有比较完备的法制。"④2000年1月20日，江泽民在中央政治局会议上发表讲话，强调："法律很重要。法律是统治阶级意志的体现。我国社会主义法律制度，是我国

---

① 江泽民：《江泽民文选》第二卷，人民出版社，2006，第30-31页。
② 江泽民：《江泽民文选》第二卷，人民出版社，2006，第536页。
③ 江泽民：《江泽民文选》第三卷，人民出版社，2006，第221-222页。
④ 江泽民：《江泽民文选》第一卷，人民出版社，2006，第511页。

党领导人民进行革命、建设、改革实践经验的总结和体现，是我国社会主义制度的重要组成部分。我们的实践十分广阔，并不是也不可能是全部实践活动从一开始就立即反映到法律规范中来，而只能是逐步将各种体现人民共同意志和利益的成熟的实践经验用法律的形式确定下来。"①主张依法治国应当适应和满足社会主义市场经济发展的需要，是实行依法治国基本方略、建设社会主义法治国家的思想的一项重大理论创新，是其将马克思主义法治理论中上层建筑反作用于经济基础的基本原理在中国特色社会主义法治建设中的具体运用。同时，将社会主义法律制度视为对党领导人民进行革命、建设和改革开放的经验的总结和体现，是在宏大视角中俯瞰法治建设与革命、建设和改革开放之间的关系，具体描述出作为上层建筑的社会主义法律制度与革命、建设和改革开放之间的内在关系。

八、依法治国与以德治国之间的辩证关系

依法治国与以德治国相结合，是实行依法治国基本方略、建设社会主义法治国家的思想对中国特色社会主义法治理论的一项重大理论贡献，它尤为看重依法治国与以德治国之间的辩证关系，将其视为中国特色社会主义法治理论的方法论原则，并给予翔实阐发。其一，它提出社会主义法制建设应同思想道德文化建设紧密结合，社会主义法制建设应同精神文明建设紧密结合，依法治国应同以德治国紧密结合；其二，它主张依法治国与以德治国应当并可以相互补充、相互促进，二者不可偏废。1997年2月27日，江泽民在参加八届全国人大五次会议、全国政协八届五次会议的党员负责同志会议上发表讲话。他要求："加强社会主义法制建设，要同加强思想道德文化建设紧密结合起来。法律规范人们的行为，可以强制性地惩罚违法行为，但不能代替解决人们思想、道德的问题。人们思想上、道德上存在的问题，要通过深入细致的思想教育、道德教育和文化教育来解决。法制建设包括立法工作、执法工作、司法工作和法制教育工作，这几个方面的工作是相辅相成的，都很重要，缺一不可。只有把它们都搞好了，法制建设才算搞好了。无论立法、执法、司法和守法，都是通过人来做的。因此，人们的思想道德文化素质如何，对于法制建设的成效是至关重要的。""一个社会治理得好不好，既同法

---

① 江泽民：《江泽民文选》第二卷，人民出版社，2006，第575页。

制完备程度有很大关系，也同人们的思想道德文化素质有很大关系。我国历史上历来就有德刑相辅、儒法并用的思想，从中可以得到有益的启发。总之，法是他律，德是自律，需要二者并用。在社会秩序的维系、社会风气的治理中，法制建设是很重要的一手，思想道德文化建设也是很重要的一手。这两手也必须同时抓、两手都要硬，而不可偏废。这两手都抓好了，社会秩序、社会风气的治理水平就会大大提高，社会上的歪风邪气和消极现象就会大大减少。"[1]1997 年 9 月 12 日，江泽民在党的十五大上做报告，他指出："法制建设同精神文明建设必须紧密结合，同步推进。"[2]2000 年 1 月 20 日，江泽民在中央政治局会议上发表讲话，提出："我们发展社会主义市场经济，建设有中国特色社会主义，除了要确立与之相适应的社会主义法律体系，还必须在全社会形成与之相适应的社会主义思想道德体系。在中国历史上，很多人都主张儒法并用，就是思想教育手段和法制手段并用。法是他律，德是自律。一个社会治理水平的高低，与人们的思想道德素质有密切的关联。""治理国家是一个复杂的系统工程，必须统筹兼顾、多管齐下。西方发达国家搞的是资本主义市场经济，他们有自己的法律制度来规范市场秩序，也有一套资本主义的市场道德规范。我们发展的是社会主义市场经济，也必须形成社会主义的市场经济道德规范。"[3]2002 年 11 月 8 日，党的十六大将"实行依法治国和以德治国相结合"作为党的十三届四中全会以来至党的十六大期间所积累的十分宝贵的经验的内容之一确定下来[4]。2000 年 6 月 28 日，江泽民在中央思想政治工作会议上发表讲话，指出要紧密结合发展社会主义市场经济的新要求，努力加强社会主义道德教育，不断提高全体人民的思想道德素质。"为了在发展社会主义市场经济的条件下更好地建设有中国特色社会主义，我们必须建立与之相适应的社会主义法律体系，同时也必须在全社会形成与之相适应的社会主义思想道德体系。法律和道德作为上层建筑的组成部分，都是维护社会秩序、规范人们思想和行为的重要手段，它们相互联系、相互补充。法治以其权威性和强制手段规范社会成员的行为，德治以其说服

---

[1] 江泽民：《江泽民文选》第一卷，人民出版社，2006，第 643-644 页。

[2] 江泽民：《江泽民文选》第二卷，人民出版社，2006，第 31 页。

[3] 江泽民：《江泽民文选》第二卷，人民出版社，2006，第 567 页。

[4] 江泽民：《江泽民文选》第三卷，人民出版社，2006，第 534 页。

力和劝导力提高社会成员的思想认识和道德觉悟。道德规范和法律规范应该相结合，统一发挥作用"①。此外，他还强调把基本道德观念的要求融于有关法律法规中②。2001年1月10日，江泽民在全国宣传部长会议上发表讲话，他提醒与会的同志们注意，"我们在建设有中国特色社会主义、发展社会主义市场经济的过程中，要坚持不懈地加强社会主义法制建设，依法治国；同时也要坚持不懈地加强社会主义道德建设，以德治国。对一个国家的治理来说，法治和德治，从来都是相辅相成、相互促进的。二者缺一不可，也不可偏废。法治属于政治建设、属于政治文明，德治属于思想建设、属于精神文明。二者范畴不同，但其地位和功能都是非常重要的。我们要把法制建设与道德建设紧密结合起来，把依法治国与以德治国紧密结合起来"③。2001年4月2日，江泽民在全国社会治安工作会议上发表讲话，指出"把依法治国与以德治国结合起来"④。经过实行依法治国基本方略、建设社会主义法治国家的思想的努力，依法治国和以德治国相结合最终于此时成为中国特色社会主义法治理论的一项重要理论原理和方法论原则：第一，依法治国和以德治国之所以能够相结合，是因为二者同源于社会主义的经济基础；第二，依法治国和以德治国之所以可以相结合，是因为二者同为同一经济基础之上的上层建筑，本身能够相互发生作用和相互产生影响；第三，同样重要的是，在中华法系传统法治文明中，向来就有法治和德治相结合的历史文化传统；第四，中国国家治理的现实，的确需要将依法治国和以德治国结合起来，实现二者功能的相互促进和相得益彰。

九、依法治国与反对腐败之间的辩证关系

实行依法治国基本方略、建设社会主义法治国家的思想主张实现反腐倡廉工作的制度化和法律化。2000年12月26日，江泽民在中央纪委第五次全体会议上发表讲话，提出"要依靠发展民主、健全法制来预防和治理腐败现象。这是我们的一贯要求，也是最可靠的措施。反腐倡廉工作要逐步实现制

---

① 江泽民：《江泽民文选》第三卷，人民出版社，2006，第91页。
② 江泽民：《江泽民文选》第三卷，人民出版社，2006，第92页。
③ 江泽民：《江泽民文选》第三卷，人民出版社，2006，第200页。
④ 江泽民：《江泽民文选》第三卷，人民出版社，2006，第221-222页。

度化、法制化"①。实现反腐倡廉的制度化和法律化，是将依法治国确定为党领导人民治理国家的基本方略之后在逻辑上和实践上的必然结论，是将国家和社会生活纳入法制化轨道上的必然结果，科学认识和正确处理依法治国与反腐倡廉之间的辩证关系，是实行依法治国基本方略、建设社会主义法治国家的思想又一重要理论贡献。

第二节　实行依法治国基本方略、建设社会主义法治国家的思想的重要意义

一、继承邓小平民主法制思想，继续推进中国特色社会主义法治建设

邓小平民主法制思想诞生于"文化大革命"结束之后和改革开放之初，开创了中国特色社会主义法治理论，开启了中国特色社会主义法治建设新的历史征程。如果说邓小平民主法制思想的历史意义在于开启了中国特色社会主义法治建设新的历史时代并为之提供了学理支撑、思想指导和行动指南，那么，以江泽民同志为核心的党中央所创立的实行依法治国基本方略、建设社会主义法治国家的思想，则决定着这个历史时代能否继续进行以及在怎样的理论指导之下继续进行。从理论原理和方法论原则的角度观察，实行依法治国基本方略、建设社会主义法治国家的思想，完全继承了邓小平民主法制思想以及由邓小平民主法制思想所指导的中国特色社会主义法治建设，使得中国特色社会主义法治理论及其所指导的中国特色社会主义法治建设继续进行、持续前进。以历史的眼光研判，实行依法治国基本方略、建设社会主义法治国家的思想首要的历史贡献，就在于它继承了邓小平民主法制思想，继续推进中国特色社会主义法治理论的发展和中国特色社会主义法治事业的建设。

---

① 江泽民：《江泽民文选》第三卷，人民出版社，2006，第188页。

二、提出依法治国并将依法治国确定为党领导人民治理国家的基本方略

以江泽民同志为核心的党中央继承了邓小平民主法制思想，必然继续使用发展社会主义民主政治的方法论看待和处理社会主义法治建设在社会主义建设中的性质、地位和作用，必然继续在发展社会主义民主的前提下继续审视和推进社会主义的法治建设。于是，在新的历史条件下，以江泽民同志为核心的党中央创立了实行依法治国基本方略、建设社会主义法治国家的思想，并将依法治国确定为党领导人民治理国家的基本方略。当然，它同时完成了对"依法治国"的经典定义。将依法治国确定为党领导人民治理国家的基本方略，并顺理成章地确定建设社会主义法治国家的战略目标，大大地丰富和发展了中国特色社会主义法治理论，使中国特色社会主义法治理论逐渐形成更加固定的理论范畴、更加完善的理论结构和更加明确的理论目标，从而将中国特色社会主义法治理论向前大大地推进了一步。

第四章 实行依法执政基本方式、建设社会主义法治国家的思想

党的十六大至十八大的十年间，以胡锦涛同志为总书记的党中央特别是胡锦涛同志坚持解放思想、实事求是、与时俱进、求真务实，勇于推进实践基础上的理论创新，集中全党智慧，坚持和丰富邓小平理论、"三个代表"重要思想，形成和贯彻了科学发展观，进一步回答了什么是社会主义、怎样建设社会主义和建设什么样的党、怎样建设党的问题，创造性地回答了新形势下实现什么样的发展、怎样发展等重大问题，形成了涵盖改革发展稳定、内政外交国防、治党治国治军各方面的系统科学理论，实现了我们党在指导思想上的又一次与时俱进，开辟了当代中国马克思主义发展新境界①。在科学发展观的系统科学理论中，对创新和发展中国特色社会主义法治理论贡献和意义最为卓越者，便是实行依法执政基本方式、建设社会主义法治国家的思想。它是在继承邓小平民主法制思想和实行依法治国基本方略、建设社会主义法治国家的思想的基础之上，在进一步回答什么是社会主义法治、怎样建设社会主义法治和建设怎样的社会主义法治等一系列重大问题时所形成的重大理论成果。

---

① 中共中央文献研究室：《十八大以来重要文献选编》（下），中央文献出版社，2018，第381页。

第一节　实行依法执政基本方式、建设
社会主义法治国家的思想的核心要义

一、社会主义法治建设的重要意义

（一）社会主义法治建设构成全面建设小康社会的重要目标、重要内容和重要路径

党的十六大之后，社会主义法治建设作为社会主义政治文明建设和政治体制改革的重要组成部分，成为全面建设小康社会的重要目标和重要内容。2002年11月8日至14日，党的十六大在北京举行，大会制定了全面建设小康社会的宏伟纲领。在大会所确定的全面建设小康社会的目标之中，包含了"社会主义民主更加完善，社会主义法制更加完备，依法治国基本方略得到全面落实，人民的政治、经济和文化权益得到切实尊重和保障"①的内容。大会在作出政治建设和政治体制改革的战略部署时，特别强调"发展社会主义民主政治，建设社会主义政治文明，是全面建设小康社会的重要目标。必须在坚持四项基本原则的前提下，继续积极稳妥地推进政治体制改革，扩大社会主义民主，健全社会主义法制，建设社会主义法治国家，巩固和发展民主团结、生动活泼、安定和谐的政治局面"②。2002年12月26日，胡锦涛在十六届中央政治局第一次集体学习时发表讲话，指出"实现党的十六大提出的宏伟目标和各项任务，要求我们更好把坚持党的领导、人民当家作主、依法治国有机统一起来，进一步发展社会主义民主，健全社会主义法制，建设社会主义政治文明，以充分调动全国各族人民的积极性、主动性、创造性，同心同德推进改革开放和社会主义现代化建设。要做到这一点，必须坚持实施依法治国的基本方略，在全社会进一步树立宪法意识和宪法权威，切实保障宪法贯彻实施"③。根据胡锦涛的此次讲话，社会主义法治建设不仅构成全

---

① 江泽民：《江泽民文选》第三卷，人民出版社，2006，第543页。
② 江泽民：《江泽民文选》第三卷，人民出版社，2006，第553页。
③ 胡锦涛：《胡锦涛文选》第二卷，人民出版社，2016，第14-15页。

面建设小康社会的重要目标和重要内容，同时也成为实现全面建设小康社会目标和任务的重要路径。2003年7月28日，胡锦涛在全国防治非典工作会议上发表讲话。他指出，从长远发展看，要进一步加强依法治国基本方略的落实。依法治国是党领导人民治理国家的基本方略，也是实现全面建设小康社会宏伟目标的有力保障①。据此，依法治国、建设社会主义法治国家不仅内在于全面建设小康社会的宏伟目标和国家战略之中，而且能够以外在且相对独立的形式，以党领导人民治理国家的基本方略的形态和面貌保障全面建设小康社会宏伟目标的实现。

（二）依法治国能够从法律上和制度上保障人民当家作主

实行依法执政基本方式、建设社会主义法治国家的思想继承邓小平民主法制思想和实行依法治国基本方略、建设社会主义法治国家的思想关于加强法治建设以保障人民民主的重要观点，并在此基础上更加具体化提出依法治国能够从法律上和制度上保证人民当家作主，更加清晰地表述出实现社会主义民主制度化和法律化的具体效果。2004年9月15日，胡锦涛在首都各界纪念全国人民代表大会成立五十周年大会上发表讲话，指出依法治国能够从制度上法律上保证人民当家作主②。依法治国对于发展社会主义民主的重要意义由此获得了更加直观和简要的表述。

以法律和制度的形式保障人民民主，是依法治国重大意义的初始表现和基本内容。实行依法执政基本方式、建设社会主义法治国家的思想不限于对保障人民民主的法治功能的追求，更注重人民当家作主于全面建设小康社会的能动意义。实行依法执政基本方式、建设社会主义法治国家的思想认为，只有人民在制度上和法律上获得当家作主的政治和法律地位时，人民的积极性、主动性和创造性才能够得以激活，党和国家的活力方能得以增强，社会主义现代化建设才会得以加快。2007年10月15日，胡锦涛代表第十六届中央委员会在党的十七大上做报告，大会确定了实现全面建设小康社会奋斗目标的新要求，"依法治国基本方略深入落实，全社会法制观念进一步增强，法治政府建设取得新成效"③被列入其中。为实现该目标，他指出"深化政治

---

① 胡锦涛：《胡锦涛文选》第二卷，人民出版社，2016，第72-73页。

② 胡锦涛：《胡锦涛文选》第二卷，人民出版社，2016，第232-233页。

③ 胡锦涛：《胡锦涛文选》第二卷，人民出版社，2016，第627页。

体制改革，必须坚持正确政治方向，以保证人民当家作主为根本，以增强党和国家活力、调动人民积极性为目标，扩大社会主义民主，建设社会主义法治国家，发展社会主义政治文明"①。2011年3月3日，胡锦涛在参加十一届全国人大四次会议、全国政协十一届四次会议的党员负责同志会议上发表讲话，指出"发展社会主义民主，健全社会主义法制，是我们党领导亿万人民当家作主、有效治理国家的伟大实践，是建设和发展中国特色社会主义的一项重要战略任务"②。通过法律和制度保障人民当家作主成为依法治国的直接目的，以此激发广大人民的积极性、主动性和创造性，从而保障社会主义现代化建设的顺利进行和全面建设小康社会成为依法治国的根本目的。

（三）依法治国能够从法律上和制度上保证党的执政地位

邓小平民主法制思想和实行依法治国基本方略、建设社会主义法治国家的思想更加侧重社会主义法治建设对社会主义民主的保障作用，在论及党的领导和执政与法治建设之间的逻辑联系时，往往突出强调党对法治建设的领导作用。党的十六大之后逐渐形成的实行依法执政基本方式、建设社会主义法治国家的思想，既注重党对法治建设的领导，更注意到法治建设对于确定和巩固党的执政的重要意义，特别是能够关切到法治建设能够在法律上和制度上保证党的执政地位。故而，在实行依法执政基本方式、建设社会主义法治国家的思想中，党的领导和依法治国之间具有能动的"双向"的逻辑联系：一方面，党以执政党的地位和身份领导依法治国，通过法律和制度即通过国家各级政权机关管理国家和社会；另一方面，依法治国又以法律和制度的形式确立并巩固，即保证了党的执政地位。2004年9月15日，胡锦涛在首都各界纪念全国人民代表大会成立五十周年大会上发表讲话，指出"必须坚持依法治国的基本方略，不断推进建设社会主义法治国家的进程。坚定不移实施依法治国的基本方略，是国家长治久安的重要保障。依法治国不仅从制度上法律上保证人民当家作主，而且也从制度上法律上保证党的执政地位"③。应该说，意识到并阐发出依法治国对党的领导和执政的确认和保证作用，对依法治国和党的执政进行更为深入的理论思考，实现了对依法治国

---

① 胡锦涛：《胡锦涛文选》第二卷，人民出版社，2016，第635页。

② 胡锦涛：《胡锦涛文选》第三卷，人民出版社，2016，第509–511页。

③ 胡锦涛：《胡锦涛文选》第二卷，人民出版社，2016，第234–235页。

重大意义更加深刻的认知，这既是党依法执政理念的萌发和侧写，更是党依法执政的理论渊源所在。

（四）政法工作具有"五个着力"的多元指向功能

经过党的十一届三中全会之后多年的社会主义法治建设实践，实行依法执政基本方式、建设社会主义法治国家的思想在继承邓小平民主法制思想和实行依法治国基本方略、建设社会主义法治国家的思想的基础之上，政法工作在依法治国的视野之下被赋予了"五个着力"的多元指向的重要功能。2007年12月25日，胡锦涛在全国政法工作会议代表和全国大法官、大检察官座谈会上发表讲话，指出"做好政法工作，关键是要全面把握党的十七大对加强和改进政法工作作出的战略部署，坚持把政法工作放在党和国家工作全局中来谋划、来推进。总的要求是：全面贯彻落实党的十七大精神，高举中国特色社会主义伟大旗帜，坚持以邓小平理论和'三个代表'重要思想为指导，深入贯彻落实科学发展观，坚持党的领导、人民当家作主、依法治国有机统一，牢固树立社会主义法治理念，坚持执法为民，着力保障国家安全，着力维护社会公平正义，着力保护人民生命财产安全，着力保证社会大局稳定，着力服务经济社会发展大局"①。"五个着力"关涉政治、经济、社会等各项领域，既表明了法治建设的作用的日益广泛，也同时说明法治建设在社会主义建设大局之中的地位日益提高。

二、社会主义法治与社会主义民主之间的辩证关系

实行依法执政基本方式、建设社会主义法治国家的思想，以科学发展观为根本遵循，主张推进并实现经济文明、政治文明、文化文明的全面发展。在此前提下，实行依法执政基本方式、建设社会主义法治国家的思想尤为注重政治文明的建设，社会主义法治与社会主义民主之间的关系、社会主义法制的健全与社会主义民主的扩大则成为政治文明建设的重要内容。实行依法执政基本方式、建设社会主义法治国家的思想认识和处理法治与民主之间的关系，有一个显著特点，便是通过积极稳妥推进政治体制改革的方式，推进社会主义民主政治的制度化、规范化、程序化，保证人民实行民主选举、民主决策、民主管理、民主监督，从而增强党和国家的活力，提高人民群众的

---

① 胡锦涛：《胡锦涛文选》第三卷，人民出版社，2016，第27-28页。

积极性。

2004年8月22日，胡锦涛在邓小平同志一百周年诞辰纪念大会上发表讲话，指出"我们要坚持树立和落实科学发展观，不断开创经济、政治、文化全面发展新格局"，"要更好把坚持党的领导、人民当家作主、依法治国有机统一起来，发展社会主义民主政治，积极稳妥推进政治体制改革，扩大社会主义民主，健全社会主义法制，建设社会主义法治国家，保证人民依法实行民主选举、民主决策、民主管理、民主监督"①。2005年2月19日，胡锦涛在省部级主要领导干部提高构建社会主义和谐社会能力专题研讨班上发表讲话，指出要切实发展社会主义民主，"要把坚持党的领导、人民当家作主、依法治国有机统一起来，积极稳妥推进政治体制改革，进一步健全民主制度，丰富民主形式，扩大公民有序政治参与，不断推进社会主义民主政治制度化、规范化、程序化，更好发挥社会主义政治制度特点和优势"②。2005年10月11日，胡锦涛在十六届五中全会第二次全体会议上发表讲话，指出当前我国经济社会发展呈现出一些重要的阶段性特征，如要坚持党的领导、人民当家作主、依法治国有机统一，坚持和完善人民代表大会制度、中国共产党领导的多党合作和政治协商制度、民族区域自治制度，积极稳妥推进政治体制改革，扩大社会主义民主，健全社会主义法制，推进社会主义民主政治制度化、规范化、程序化，保证人民依法实行民主选举、民主决策、民主管理、民主监督③。2007年12月25日，胡锦涛在全国政法工作会议代表和全国大法官、大检察官座谈会上发表讲话，指出做好政法工作：一是坚持正确方向。二是保障国家安全。三是维护人民权益。"维护人民权益，是党的根本宗旨的要求，也是做好政法工作的目的。政法工作搞得好不好，最终要看人民满意不满意。要坚持以人为本，坚持执法为民，坚持司法公正，把维护好人民权益作为政法工作的根本出发点和落脚点，着力解决人民最关心最直接最现实的利益问题，为人民安居乐业提供更加有力的法治保障和法律服务"。四是深化体制改革。五是推进队伍建设④。2008年12月18日，胡锦涛在纪念党的十一

---

① 胡锦涛：《胡锦涛文选》第二卷，人民出版社，2016，第215-216页。

② 胡锦涛：《胡锦涛文选》第二卷，人民出版社，2016，第288页。

③ 胡锦涛：《胡锦涛文选》第二卷，人民出版社，2016，第378页。

④ 胡锦涛：《胡锦涛文选》第三卷，人民出版社，2016，第29-33页。

届三中全会召开三十周年大会上发表讲话，指出三十年来，我们大力发展社会主义民主政治，人民当家作主权利得到更好保障，其中，"中国特色社会主义法律体系基本形成，依法治国基本方略有效实施，社会主义法治国家建设取得重要进展，公民有序政治参与不断扩大，人权事业全面发展"①。未来，我们将"顺应经济社会发展变化、适应人民政治参与积极性不断提高，以保证人民当家作主为根本，以增强党和国家活力、调动人民积极性为目标，不断发展社会主义政治文明。我们依法实行民主选举、民主决策、民主管理、民主监督，保障人民的知情权、参与权、表达权、监督权"②。可见，在实行依法执政基本方式、建设社会主义法治国家的思想中，法治与民主之间的关系统一于社会主义政治文明建设，统一于政治体制改革，通过政治文明建设和政治体制改革，实现民主的制度化、规范化、程序化，从而依法实行民主选举、民主决策、民主管理、民主监督，保证人民的知情权、参与权、表达权、监督权。

三、党的领导、人民当家作主、依法治国之间的辩证关系

历经党的领导、发扬民主、依法办事相统一，到党的领导、充分发扬民主、严格依法办事相统一，再到党的领导、人民当家作主、严格依法办事相统一，最终在实行依法执政基本方式、建设社会主义法治国家的思想中，演化成型为党的领导、人民当家作主、依法治国相统一。这是实行依法执政基本方式、建设社会主义法治国家的思想对中国特色社会主义法治理论所作出的一项重大贡献，党的领导、人民当家作主、依法治国有机统一从而正式成为社会主义法治建设的基本原理。当然，它也为将依法执政确定为党治国理政的基本方式提供了理论基础。

1.党的领导、人民当家作主、依法治国有机统一，是发展社会主义民主政治的"最根本"，是推进社会主义政治文明建设的"最根本"，是坚持中国特色社会主义发展道路的"关键"。

实行依法执政基本方式、建设社会主义法治国家的思想在邓小平民主法制思想和实行依法治国基本方略、建设社会主义法治国家的思想的基础之

---

① 胡锦涛：《胡锦涛文选》第三卷，人民出版社，2016，第152页。

② 胡锦涛：《胡锦涛文选》第三卷，人民出版社，2016，第162-163页。

上，将原有的"党的领导、充分发扬人民民主、严格依法办事"表述为更加能够彰显法治建设不断取得的进步和变化的"党的领导、人民当家作主、依法治国"。在实行依法执政基本方式、建设社会主义法治国家的思想中，党的领导、人民当家作主、依法治国三者有机统一占据着极为重要的地位：它既是发展社会主义民主政治的"最根本"，又是推进社会主义政治文明建设的"最根本"和"指导方针"，也是坚持中国特色社会主义民主政治发展道路的"关键"。当然，同时也构成了区分社会主义政治文明与资本主义政治文明的不同所在。

2002年11月8日，党的十六大指出："发展社会主义民主政治，最根本的是要把坚持党的领导、人民当家作主和依法治国有机统一起来。"①2003年2月26日，胡锦涛在十六届二中全会第二次全体会议上发表讲话，指出建设社会主义政治文明，必须坚持社会主义方向，而要坚持政治文明建设的正确方向，首先需要把握的关键是"推进政治文明建设，最根本的是要坚持党的领导、人民当家作主、依法治国有机统一。这是我们推进政治文明建设必须遵循的基本方针，也是我国社会主义政治文明区别于资本主义政治文明的本质特征。党的领导是人民当家作主、依法治国的根本保证，人民当家作主是社会主义民主政治的本质要求，依法治国是党领导人民治理国家的基本方略"；"削弱党的领导、脱离党的领导、放弃党的领导，社会主义政治文明就不可能建设好"；"中国共产党执政就是领导和支持人民当家作主。必须积极发展社会主义民主，保证人民依法行使民主权利，团结全国各族人民共同创造幸福生活"②。2003年3月18日，胡锦涛在十届全国人大一次会议就当选国家主席发表讲话。他表示，新一届国家机关工作人员将努力首先做到"发扬民主、依法办事，坚持党的领导、人民当家作主、依法治国有机统一，坚定不移维护社会主义民主制度和原则，维护社会主义法制统一和尊严"③。2003年12月26日，胡锦涛在纪念毛泽东同志诞辰一百一十周年座谈会上发表讲话，指出"要继续积极稳妥推进政治体制改革，大力建设社会主义政治文明"，"要把坚持党的领导、人民当家作主、依法治国统一于政治体制改革

---

① 江泽民：《江泽民文选》第三卷，人民出版社，2006，第553页。

② 胡锦涛：《胡锦涛文选》第二卷，人民出版社，2016，第32页。

③ 胡锦涛：《胡锦涛文选》第二卷，人民出版社，2016，第36-37页。

和社会主义民主政治建设实践，统一于社会主义现代化建设实践，以发展党内民主带动人民民主发展，实现社会主义民主政治制度化、规范化、程序化"①。2004年8月22日，胡锦涛在邓小平同志一百周年诞辰纪念大会上发表讲话，指出"我们要坚持树立和落实科学发展观，不断开创经济、政治、文化全面发展新格局"，"要更好把坚持党的领导、人民当家作主、依法治国有机统一起来，发展社会主义民主政治，积极稳妥推进政治体制改革，扩大社会主义民主，健全社会主义法制，建设社会主义法治国家，保证人民依法实行民主选举、民主决策、民主管理、民主监督"②。2008年2月27日，胡锦涛在十七届二中全会第二次全体会议上发表讲话，指出"坚持中国特色社会主义政治发展道路，关键是要坚定不移坚持党的领导、人民当家作主、依法治国有机统一。党的领导是人民当家作主和依法治国的根本保证，人民当家作主是社会主义民主政治的本质和核心，依法治国是党领导人民治理国家的基本方略。中国共产党的领导，人民当家作主，依法治国基本方略，决定了我国社会主义国家政权的性质，什么时候都不能动摇"③。2011年7月1日，胡锦涛在庆祝中国共产党成立九十周年大会上发表讲话，指出"发展社会主义民主政治，必须坚持中国特色社会主义政治发展道路，关键是要坚持党的领导、人民当家作主、依法治国有机统一。我们要积极稳妥推进政治体制改革，以保证人民当家作主为根本，以增强党和国家活力、调动人民积极性为目标，扩大社会主义民主，建设社会主义法治国家，发展社会主义政治文明。要坚持发挥党总揽全局、协调各方的领导核心作用，提高党科学执政、民主执政、依法执政水平，保证党领导人民有效治理国家。要坚持国家一切权力属于人民，健全民主制度，丰富民主形式，拓宽民主渠道，保证人民依法实行民主选举、民主决策、民主管理、民主监督。要全面落实依法治国基本方略，在全社会大力弘扬社会主义法治精神，不断推进科学立法、严格执法、公正司法、全民守法进程，实现国家各项工作法治化。总之，我们要不断推进社会主义民主政治制度化、规范化、程序化，进一步把我国社会主义政治制度的优越性发挥出来，为党和国家兴旺发达、长治久安提供更加完善

---

① 胡锦涛：《胡锦涛文选》第二卷，人民出版社，2016，第144页。

② 胡锦涛：《胡锦涛文选》第二卷，人民出版社，2016，第215-216页。

③ 胡锦涛：《胡锦涛文选》第三卷，人民出版社，2016，第74页。

的制度保障"①。

2.坚持党的领导、人民当家作主、依法治国是有机统一的逻辑关系。

实行依法执政基本方式、建设社会主义法治国家的思想认为，党的领导、人民当家作主、依法治国三者之间具有辩证统一的逻辑联系。其中，党的领导是人民当家作主、依法治国的政治保证，人民当家作主是社会主义民主政治的本质要求，依法治国是党领导人民治理国家的基本方略。这显然是从继承并继续使用了社会主义民主政治的角度来看待并处理三者之间的逻辑关系。因此，三者之间的"有机"和"统一"也必然是归诸或落脚于人民当家作主的。2002年11月8日，党的十六大指出，"党的领导是人民当家作主和依法治国的根本保证，人民当家作主是社会主义民主政治的本质要求，依法治国是党领导人民治理国家的基本方略。中国共产党是中国特色社会主义事业的领导核心。共产党执政就是领导和支持人民当家作主，最广泛地动员和组织人民群众依法管理国家和社会事务，管理经济和文化事业，维护和实现人民群众的根本利益。宪法和法律是党的主张和人民意志相统一的体现。必须严格依法办事，任何组织和个人都不允许有超越宪法和法律的特权"②。在党的领导、人民当家作主、依法治国的有机统一中，仅就依法治国的内涵角度观察，或者仅以法治建设的角度观察，不难发现，依法治国的内涵本身或者法治建设本身，便包含着坚持党的领导和坚持人民主体地位的理论原理和方法论原则，三者有机统一的逻辑联系由此可见一斑。

四、党的领导与法治之间的辩证关系

实行依法执政基本方式、建设社会主义法治国家的思想认为，基于党的领导、人民当家作主、依法治国三者之间具有有机统一的辩证关系，并且三者统一于社会主义民主政治建设，故而就党的领导与社会主义法治二者之间的辩证关系而言，也必然归结于社会主义民主。从坚持党的领导的角度而言，党的领导本身或党执政本身，就是要领导和支持人民当家作主，即在党的领导下，人民群众依法管理国家和社会事务，管理经济和文化事业。2002年11月8日，党的十六大指出："共产党执政就是领导和支持人民当家作主，

---

① 胡锦涛：《胡锦涛文选》第三卷，人民出版社，2016，第538页。

② 江泽民：《江泽民文选》第三卷，人民出版社，2006，第553页。

最广泛地动员和组织人民群众依法管理国家和社会事务，管理经济和文化事业，维护和实现人民群众的根本利益。宪法和法律是党的主张和人民意志相统一的体现。必须严格依法办事，任何组织和个人都不允许有超越宪法和法律的特权。"①2003年2月26日，胡锦涛在十六届二中全会第二次全体会议上发表讲话，指出"宪法法律是党的主张和人民意志相统一的体现。党领导人民制定宪法法律，并在宪法法律范围内活动。党员、干部特别是领导干部，都要成为遵守宪法法律的模范"②。

五、依法治国与依宪治国之间的辩证关系

实行依法执政基本方式、建设社会主义法治国家的思想在中国特色社会主义法治理论发展过程中，率先提出"依宪治国"并初步设置了依宪治国与依法治国之间的辩证关系。在逻辑上和实践上：第一，基于宪法是中国特色社会主义法律体系的重要组成部分，依宪治国当然是依法治国的重要组成部分。第二，宪法不仅是中国特色社会主义法律体系的重要组成部分，而且基于宪法作为根本法和治国安邦总章程的极为重要的地位，也必然决定了"依宪治国"在依法治国中发挥着极为重要的作用。正如2002年12月26日，胡锦涛在十六届中央政治局第一次集体学习时发表讲话时所指出的，"依法治国首先要依宪治国"③。

六、依法执政与依法治国之间的辩证关系

以胡锦涛同志为总书记的党中央对中国特色社会主义法治理论作出的最重要贡献，便是提出了"依法执政"的理念，并将依法执政确定为党治理国家的基本方式，由此创立了实行依法执政基本方式、建设社会主义法治国家的思想。实行依法执政基本方式、建设社会主义法治国家的思想认为：第一，党坚持依法执政，对于改革和完善党的领导方式和执政方式、提高党的领导水平和执政水平、加强党的执政能力建设具有十分重大的政治意义；第二，同时坚持依法治国和依法执政，有利于促进社会主义法制建设，实现党

---

① 江泽民：《江泽民文选》第三卷，人民出版社，2006，第553页。
② 胡锦涛：《胡锦涛文选》第二卷，人民出版社，2016，第32—33页。
③ 胡锦涛：《胡锦涛文选》第二卷，人民出版社，2016，第16页。

和国家的各项工作、生活的方方面面都走向制度化和法制化的轨道；第三，实行依法执政，有利于更好地实施党对国家和社会的领导；第四，实行依法治国，能够在法律上和制度上保证党的执政地位。

2002 年 12 月 26 日，胡锦涛在十六届中央政治局第一次集体学习时发表讲话，指出"党的十六大提出党要坚持依法执政，这是我们为加强党的执政能力建设、提高党的领导水平和执政水平、改革和完善党的领导方式和执政方式而提出的一个具有重大政治意义的要求。党通过领导人民制定宪法法律，实现了党的主张和全国人民共同意志的统一，并把它们作为国家意志确定下来，成为治理国家的根本法律依据。党在宪法法律范围内活动，支持人民群众依法通过各种途径和形式管理国家事务，管理经济和文化事业，管理社会事务，推动国家各项工作走上法制化轨道，就能更好贯彻党的路线方针政策，更好实施依法治国的基本方略，更好实现对国家和社会的领导。党的各级组织和全体党员都要做遵守宪法的模范，严格依法办事，带动全社会严格贯彻实施宪法"①。2003 年 2 月 26 日，胡锦涛在十六届二中全会第二次全体会议上发表讲话，指出"必须坚持依法治国、依法执政，大力加强社会主义法制建设，使党和国家各项工作、社会生活方方面面都走上制度化、法律化轨道"②。2003 年 12 月 26 日，胡锦涛在纪念毛泽东同志诞辰一百一十周年座谈会上发表讲话，指出"要进一步改革和完善党的领导方式和执政方式，坚持党总揽全局、协调各方的原则，实行依法执政，更好实施党对国家和社会的领导"③。2004 年 9 月 15 日，胡锦涛在首都各界纪念全国人民代表大会成立五十周年大会上发表讲话，指出"依法治国不仅从制度上法律上保证人民当家作主，而且也从制度上法律上保证党的执政地位。依法治国，前提是有法可依，基础是提高全社会法律意识和法制观念，关键是依法执政、依法行政、依法办事、公正司法。依法治国首先要依宪治国，依法执政首要先依宪执政。宪法法律是党的主张和人民意志相统一的体现，是中国革命、建设、改革伟大实践的科学总结。宪法是国家的根本法，是治国安邦的总章程，是保证国家统一、民族团结、经济发展、社会进步、长治久安的法律基础，是

---

① 胡锦涛：《胡锦涛文选》第二卷，人民出版社，2016，第 17 页。

② 胡锦涛：《胡锦涛文选》第二卷，人民出版社，2016，第 32 页。

③ 胡锦涛：《胡锦涛文选》第二卷，人民出版社，2016，第 144–145 页。

党执政兴国、带领全国各族人民建设中国特色社会主义的法制保证。全党同志、全体国家机关工作人员和全国各族人民都要认真学习宪法、遵守宪法、维护宪法，保证宪法在全社会贯彻实施"①。2004年9月19日，胡锦涛在十六届四中全会第三次全体会议上发表讲话，指出要"结合新的实际运用党执政的成功经验，不断认识和把握共产党执政规律、社会主义建设规律、人类社会发展规律，坚持科学执政、民主执政、依法执政。坚持科学执政、民主执政、依法执政，是我们总结党执政成功经验的必然结论，也是新形势下我们党更好执政的根本要求"②；"坚持依法执政，就要始终坚持依法治国的基本方略，坚持依法执政的基本方式，完善社会主义法制，建设社会主义法治国家，增强法制观念，严格依法办事，不断推进各项治国理政活动制度化、法律化"③。2006年6月29日，胡锦涛在主持十六届中央政治局第三十二次集体学习时发表讲话，指出坚持科学执政、民主执政、依法执政，是新的历史条件下加强党的执政能力建设和先进性建设的重要内容。"科学执政、民主执政、依法执政，是有机统一的整体，其核心是要为人民执好政、掌好权。要把坚持党的领导、人民当家作主、依法治国有机统一起来，不断改革和完善党的领导方式和执政方式，不断提高党的执政能力和领导水平，在为人民治国理政的实践中体现党的先进性、发展党的先进性、永葆党的先进性"④；"依法执政是新的历史条件下马克思主义政党执政的基本方式。依法执政，就是坚持依法治国、建设社会主义法治国家，领导立法，带头守法，保证执法，不断推进国家经济、政治、文化、社会生活法制化、规范化，以法治的理念、法治的体制、法治的程序保证党领导人民有效治理国家。要加强党对立法工作的领导，推进科学立法、民主立法，善于使党的主张通过法定程序成为国家意志，从制度上法律上保证党的路线方针政策贯彻实施，使这种制度和法律不因领导人的改变而改变，不因领导人看法和注意力的改变而改变。依法执政最根本的是依宪执政。要牢固树立法制观念，各级党组织都要在宪法法律范围内活动，全体党员都要模范遵守宪法法律，带头维护宪法法

---

① 胡锦涛：《胡锦涛文选》第二卷，人民出版社，2016，第232页。

② 胡锦涛：《胡锦涛文选》第二卷，人民出版社，2016，第243页。

③ 胡锦涛：《胡锦涛文选》第二卷，人民出版社，2016，第244页。

④ 胡锦涛：《胡锦涛文选》第二卷，人民出版社，2016，第461页。

律权威。要督促和支持国家机关依法行使职权，做到依法行政，依法推动各项工作的开展，切实维护公民合法权益。要加强和改进党对政法工作的领导，以司法公正为目标推进司法体制改革，提高司法队伍素质，支持审判机关和检察机关依法独立公正行使职权，加强对司法活动的监督和保障，为在全社会实现公平和正义提供法制保障"①。2007年10月15日，胡锦涛代表第十六届中央委员会在党的十七大上做报告，指出"要坚持党总揽全局、协调各方的领导核心作用，提高党科学执政、民主执政、依法执政水平，保证党领导人民有效治理国家"，"坚持依法治国基本方略，树立社会主义法治理念，实现国家各项工作法治化，保障公民合法权益"②。2008年2月27日，胡锦涛在十七届二中全会第二次全体会议上发表讲话，指出"坚持中国特色社会主义政治发展道路"，"一是要坚持发挥党总揽全局、协调各方的领导核心作用。从提高党的执政能力、巩固党的执政地位、履行党的执政使命的高度，改进和完善党的领导方式和执政方式，提高党科学执政、民主执政、依法执政水平，保证党领导人民有效治理国家，使党始终成为中国特色社会主义事业的坚强领导核心"③。2008年12月18日，胡锦涛在纪念党的十一届三中全会召开三十周年大会上发表讲话，指出"我们坚持科学立法、民主立法，建立和完善中国特色社会主义法律体系，树立社会主义法治理念，坚持公民在法律面前一律平等，尊重和保障人权，推进依法行政，深化司法体制改革，推进国家各项工作法治化，维护社会公平正义，维护社会主义法制统一、尊严、权威。我国政治体制改革是社会主义政治制度自我完善和发展，必须坚持中国特色社会主义政治发展道路，坚持党的领导、人民当家作主、依法治国有机统一，坚持社会主义政治制度特点和优势，坚持从我国国情出发"④。

从中国特色社会主义法治理论发展的总体角度观察，提出依法执政并将依法执政确定为党治国理政的基本方式，是实行依法治国并将依法治国确定为党领导人民治理国家的基本方略的必然结果。在中国特色社会主义法治建

---

① 胡锦涛：《胡锦涛文选》第二卷，人民出版社，2016，第463页。

② 胡锦涛：《胡锦涛文选》第二卷，人民出版社，2016，第635页。

③ 胡锦涛：《胡锦涛文选》第三卷，人民出版社，2016，第75页。

④ 胡锦涛：《胡锦涛文选》第三卷，人民出版社，2016，第162-163页。

设的历史进程中，党领导人民厉行法治，致力于逐步实现民主的制度化和法律化，进而从加强社会主义法制建设进入到实行依法治国、建设社会主义法治国家的历史阶段。在此阶段之中，依法治国成为党治国理政所面临的新的历史形势和趋势，为顺应这一历史形势和趋势，势必需要不断提高党的执政能力和执政水平，因此，依法执政就必然成为党所面临的不二选择。而在依法执政的基础之上，将依法执政提升为党治理国家的基本方式，更是体现出中国特色社会主义法治理论的理论自觉和理论创新。

七、法治建设与社会主义政治文明建设之间的辩证关系

实行依法执政基本方式、建设社会主义法治国家的思想认为，法治建设是政治文明建设的重要内容和部分，需要有领导有步骤地与政治文明建设的其他内容和其他部分一起推进。2003年2月26日，胡锦涛在十六届二中全会第二次全体会议上发表讲话，指出推进社会主义政治文明建设，是一个内容广泛的系统工程，需要我们进行多方面长期努力。政治文明建设涉及政治思想、政治制度、行政管理、法制建设等方面，需要有领导有步骤全面加以推进[①]。

八、立法、执法、司法、守法的法治工作格局

实行依法执政基本方式、建设社会主义法治国家的思想继承了邓小平民主法制思想和实行依法治国基本方略、建设社会主义法治国家的思想，仍然将法治建设的格局安排为立法、执法、司法、守法四个领域。

2003年2月26日，胡锦涛在十六届二中全会第二次全体会议上发表讲话，指出"要坚持依法治国，建设社会主义法治国家，健全社会主义法制，加强立法工作，提高立法质量，推行依法行政，维护司法公正，提高执法水平，加强法制宣传教育，为推进改革开放和发展社会主义市场经济，为保持良好社会秩序和维护社会政治稳定提供有力法律保障"[②]。

2003年7月28日，胡锦涛在全国防治非典工作会议上发表讲话。他指出，从长远发展看，"要进一步加强依法治国基本方略的落实。依法治国是党

① 胡锦涛：《胡锦涛文选》第二卷，人民出版社，2016，第33-34页。
② 胡锦涛：《胡锦涛文选》第二卷，人民出版社，2016，第34页。

领导人民治理国家的基本方略，也是实现全面建设小康社会宏伟目标的有力保障，必须贯彻到党和政府各项工作中去，真正做到有法可依、有法必依、执法必严、违法必究"①。"要按照推进改革开放和完善社会主义市场经济体制、维护最广大人民根本利益的要求，加强立法工作，提高立法质量，该制定的制定，该修订的修订，逐步形成中国特色社会主义法律体系。立法工作要坚持走群众路线，充分听取群众意见，充分反映群众意愿，这样制定出来的法律法规就具有贯彻实施的广泛群众基础。各级党委和政府都要严格依法办事，进一步改革和完善领导方式和领导方法，不断提高领导水平和管理水平。要强化执法监督，维护司法公正，提高执法水平，确保法律严格实施，坚决维护法制统一。各级领导干部要带头学法、懂法、用法，支持和督促有关部门严格执法、秉公执法。要进一步加大法制宣传教育力度，深入开展'四五'普法活动，把宣传法律法规和维护群众利益结合起来，充分调动广大人民群众学习法律法规的主动性，增强全民法制意识，提高全民法律素质，在全社会形成良好法治氛围"②。

2003年12月26日，胡锦涛在纪念毛泽东同志诞辰一百一十周年座谈会上发表讲话，指出"要进一步加强社会主义法制建设，加强和改进立法工作，加强执法监督，更好贯彻依法治国方略、建设社会主义法治国家"③。

2004年9月15日，胡锦涛在首都各界纪念全国人民代表大会成立五十周年大会上发表讲话，指出"要加强立法工作，到二〇一〇年形成中国特色社会主义法律体系。要全面推进依法行政，继续深化行政体制改革，加快转变政府职能，努力建设法治政府。要积极推进司法体制改革，提高司法效率，充分发挥司法制度和司法机关维护社会公平正义作用，保障国家经济、政治、文化生活的正常秩序。要严格执法、文明执法、公正执法，建立有权必有责、用权受监督、违法要追究的监督机制。要认真开展'四五'普法活动，加强法制宣传教育，形成法律面前人人平等、人人自觉守法用法的社会氛围"④。他还提出，要进一步加强和改进立法工作，提高立法质量。全国人民代表大

---

① 胡锦涛：《胡锦涛文选》第二卷，人民出版社，2016，第72页。
② 胡锦涛：《胡锦涛文选》第二卷，人民出版社，2016，第72–73页。
③ 胡锦涛：《胡锦涛文选》第二卷，人民出版社，2016，第144页。
④ 胡锦涛：《胡锦涛文选》第二卷，人民出版社，2016，第232–233页。

会及其常务委员会要围绕党和国家工作大局，根据经济社会发展客观需要，特别是要适应建设完善的社会主义市场经济体制的需要进一步突出经济立法这个重点，着眼于确立制度、规范权责、保障权益，全面推进经济法制建设。同时，要抓紧制定和完善发展社会主义民主政治的法律，保障公民权利、维护社会安定的法律，促进社会全面进步的法律。国务院和有立法权的地方人民代表大会及其常务委员会，要抓紧制定和修改与法律相配套的行政法规和地方性法规，为形成中国特色社会主义法律体系作出自己的贡献。要把提高立法质量摆在更加突出的位置，进一步提高立法工作水平。制定和修改法律法规，要坚持以宪法为依据，维护国家法制统一；坚持以人为本，把实现好、维护好、发展好最广大人民根本利益作为根本出发点和归宿；坚持科学发展观，从法律上体现统筹城乡发展、统筹区域发展、统筹经济社会发展、统筹人与自然和谐发展、统筹国内发展和对外开放的要求。要坚持把立法同改革发展稳定的重大决策紧密结合起来，为促进社会主义物质文明、政治文明、精神文明协调发展服务。要坚持走群众路线，充分发扬民主，广泛听取各方面意见，力求使制定的法律法规严谨周密、切实可行①。

2006年6月29日，胡锦涛在主持十六届中央政治局第三十二次集体学习时发表讲话，指出要加强党对立法工作的领导，推进科学立法、民主立法，善于使党的主张通过法定程序成为国家意志，从制度上法律上保证党的路线方针政策贯彻实施，使这种制度和法律不因领导人的改变而改变，不因领导人看法和注意力的改变而改变。依法执政最根本的是依宪执政。要牢固树立法制观念，各级党组织都要在宪法法律范围内活动，全体党员都要模范遵守宪法法律，带头维护宪法法律权威。要督促和支持国家机关依法行使职权，做到依法行政，依法推动各项工作的开展，切实维护公民合法权益。要加强和改善党对政法工作的领导，以司法公正为目标推进司法体制改革，提高司法队伍素质，支持审判机关和检察机关依法独立公正行使职权，加强对司法活动的监督和保障，为在全社会实现公平和正义提供法制保障②。

2007年10月15日，胡锦涛代表第十六届中央委员会在党的十七大上做报告，指出十六大以来，民主法制建设取得新进步，"中国特色社会主义法律

---

① 胡锦涛：《胡锦涛文选》第二卷，人民出版社，2016，第234-235页。
② 胡锦涛：《胡锦涛文选》第二卷，人民出版社，2016，第463页。

体系基本形成，依法治国基本方略切实贯彻。行政管理体制、司法体制改革不断深化"①。关于全面落实依法治国基本方略，加快建设社会主义法治国家，他指出："依法治国是社会主义民主政治的基本要求。要坚持科学立法、民主立法，完善中国特色社会主义法律体系。加强宪法和法律实施，坚持公民在法律面前一律平等，维护社会公平正义，维护社会主义法制的统一、尊严、权威。推进依法行政。深化司法体制改革，优化司法职权配置，规范司法行为，建设公正高效权威的社会主义司法制度，保证审判机关、检察机关依法独立公正地行使审判权、检察权。加强政法队伍建设，做到严格、公正、文明执法。深入开展法制宣传教育，弘扬法治精神，形成自觉学法守法用法的社会氛围。尊重和保障人权，依法保证全体社会成员平等参与、平等发展的权利。各级党组织和全体党员要自觉在宪法和法律范围内活动，带头维护宪法和法律的权威。"②

2011年3月3日，胡锦涛在参加十一届全国人大四次会议、全国政协十一届四次会议的党员负责同志会议上发表讲话，指出"改革开放三十多年来，我们坚持从我国国情和实际出发，坚持党的领导、人民当家作主、依法治国有机统一，不断深化对社会主义民主法制建设规律的认识，将依法治国确定为党领导人民治理国家的基本方略，把建设社会主义法治国家作为社会主义现代化建设的重要内容，坚持科学执政、民主执政、依法执政，坚持科学立法、民主立法，不断加强和改进立法工作，社会主义民主法制建设取得了重大成就。目前，一个立足我国国情和实际、适应改革开放和社会主义现代化建设需要、集中体现党和人民意志的，以宪法为统帅，以宪法相关法、民法商法等多个法律部门的法律为主干，由法律、行政法规、地方性法规等多个层次的法律规范构成的中国特色社会主义法律体系已经形成，国家经济建设、政治建设、文化建设、社会建设以及生态文明建设的各个方面已实现有法可依。这是我国社会主义民主法制建设史上的重要里程碑，是中国特色社会主义制度逐步走向成熟的重要标志，具有重大现实意义和深远历史意义"。"中国特色社会主义法律体系的形成，夯实了立国兴邦、长治久安的法制根基，从制度上法律上确保中国共产党始终成为中国特色社会主义事

---

① 胡锦涛：《胡锦涛文选》第二卷，人民出版社，2016，第614页。

② 胡锦涛：《胡锦涛文选》第二卷，人民出版社，2016，第636–637页。

业的领导核心，确保国家一切权力牢牢掌握在人民手中，确保民族独立、国家主权、领土完整，确保国家统一、社会安定和各民族大团结，确保坚持独立自主的和平外交政策、走和平发展道路，确保国家永远沿着中国特色社会主义的正确方向奋勇前进。中国特色社会主义法律体系的形成，从制度上法律上保障国家始终坚持改革开放的正确方向，着力构建充满活力、富有效率、更加开放、有利于科学发展的体制机制，推动我国社会主义制度不断自我完善和发展。中国特色社会主义法律体系的形成，把国家各项事业发展纳入法制化轨道，从制度上法律上解决了国家发展中带有根本性、全局性、稳定性、长期性的问题，为社会主义市场经济体制不断完善、社会主义民主政治深入发展、社会主义先进文化日益繁荣、社会主义和谐社会积极构建确定了明确的价值取向、发展方向和根本路径，为建设富强民主文明和谐的社会主义现代化国家、实现中华民族伟大复兴奠定坚实法制基础"。同时，"中国特色社会主义法律体系形成后，总体上解决了有法可依问题，在这种情况下，有法必依、执法必严、违法必究的问题就显得更为突出、更加紧迫。我们要切实保障宪法法律有效实施。各级党组织和全体党员要自觉在宪法法律范围内活动，带头维护宪法法律权威，坚持科学执政、民主执政、依法执政，保证我们党始终成为中国特色社会主义事业的坚强领导核心。国家行政机关、审判机关、检察机关要忠实履行宪法法律赋予的职责，坚持依法行政，加快建设法治政府，坚持公正司法，依法独立公正行使审判权、检察权，切实做到严格、规范、公正、文明执法，维护社会公平正义，保证把人民赋予的权力真正用来为人民谋利益。国家权力机关要依法行使监督权，加强和改进监督工作，确保宪法法律得到正确实施，确保行政权、司法权得到正确行使，确保公民、法人和其他组织合法权益得到尊重和维护。要加强法制宣传教育，增强全社会法律意识和法治观念，特别是要提高党员领导干部依法办事能力，形成法律面前人人平等、人人自觉学法守法用法的社会氛围"①。

---

① 胡锦涛：《胡锦涛文选》第三卷，人民出版社，2016，第509-511页。

九、法治建设与贯彻落实科学发展观和建设社会主义和谐社会之间的辩证关系

实行依法执政基本方式、建设社会主义法治国家的思想，特别看重并尤为强调法治建设与贯彻落实科学发展观和建设社会主义和谐社会之间的辩证关系：第一，法治建设有利于创造和谐稳定的社会环境；第二，科学发展观要求包括法治建设在内的政治文明建设应当与经济文明建设、社会文明建设共同推进；第三，法治建设应当体现科学发展观和社会主义和谐社会的要求。

2003 年 4 月 15 日，胡锦涛在广东省考察工作时发表讲话，要求坚持全面的发展观，大力发展社会主义市场经济、社会主义民主政治、社会主义先进文化，不断促进社会主义物质文明、政治文明、精神文明协调发展。其中，他强调"要坚持依法治国的基本方略，健全社会主义法制，大力提高干部群众法律素质，妥善处理人民内部矛盾，依法打击各种违法犯罪活动，坚决扫除社会丑恶现象，努力创造和谐稳定的社会环境"[①]。

2003 年 7 月 28 日，胡锦涛在全国防治非典工作会议上发表讲话，"落实党和国家方针政策，推进改革发展稳定各项工作，维护人民群众根本利益，处理经济社会发展中出现的各种利益关系和矛盾，都要坚持依法执政、依法行政。越是工作重要，越是事情紧急，越是矛盾突出，越要坚持依法办事。这样做，不仅有利于推进工作，而且有利于解决矛盾和问题。有的地方和部门发生的一些本来可以避免的工作失误，一些本来可以及时化解的矛盾，相当一部分就是由于没有依法办事造成的"[②]。

2003 年 10 月 14 日，胡锦涛在十六届三中全会第二次全体会议上发表讲话，指出"经济发展又是同政治发展、文化发展紧密联系的。从根本上说，经济发展决定政治发展和文化发展，但政治发展和文化发展也会反过来对经济发展产生作用，在一定条件下还可以产生决定性作用"。因此，树立和落实科学发展观，"忽视社会主义民主法制建设"，"经济建设是难以搞上去的，即使一时搞上去了最终也可能要付出沉重代价"[③]。

---

① 胡锦涛：《胡锦涛文选》第二卷，人民出版社，2016，第 43-44 页。

② 胡锦涛：《胡锦涛文选》第二卷，人民出版社，2016，第 72-73 页。

③ 胡锦涛：《胡锦涛文选》第二卷，人民出版社，2016，第 104-105 页。

2005年2月19日，胡锦涛在省部级主要领导干部构建社会主义和谐社会能力专题研讨班上发表讲话，指出"我们所要建设的社会主义和谐社会，应该是民主法治、公平正义、诚信友爱、充满活力、安定有序、人与自然和谐相处的社会。民主法治，就是社会主义民主得到充分发扬，依法治国基本方略得到切实落实，各方面积极因素得到广泛调动"①。而要切实落实依法治国基本方略，意味着"构建社会主义和谐社会，必须健全社会主义法制，建设社会主义法治国家，充分发挥法治在促进、实现、保障社会和谐方面的重要作用。要进一步加强和改进立法工作，从法律上体现科学发展观的要求，制定和完善发展社会主义民主政治、保障公民权利、促进社会全面进步、规范社会建设和管理、维护社会安定的法律。要全面推进依法行政，坚持严格执法、公正执法、文明执法，建设法治政府，建立有权必有责、用权受监督、违法要追究的监督机制。要落实司法为民的要求，以解决制约司法公正和人民群众反映强烈的问题为重点推进司法体制改革，充分发挥司法机关维护社会公平正义作用，促进在全社会实现公平和正义。要加强法制宣传教育，传播法律知识，弘扬法治精神，增强全社会法律意识，形成法律面前人人平等、人人自觉守法用法的社会氛围"②。

2005年10月11日，胡锦涛在十六届五中全会第二次全体会议上发表讲话，指出当前我国经济社会发展呈现出一些重要的阶段性特征，如"我国社会主义民主政治不断发展，依法治国的基本方略进一步落实，社会主义文化更加繁荣，同时人民群众政治参与积极性不断提高，人们思想活动的独立性、选择性、多变性、差异性明显增强，对发展社会主义民主政治和先进文化提出了更高要求"③。有鉴于此，"中国特色社会主义事业，是经济建设、政治建设、文化建设、社会建设有机统一、互为条件、不可分割的整体。我们在坚持以经济建设为中心的同时，要继续推进社会主义政治建设、文化建设、社会建设，为经济建设提供有力体制保障、智力支持和良好社会氛围"④。

2007年12月17日，胡锦涛在新进中央委员会的委员、候补委员学习贯

---

① 胡锦涛：《胡锦涛文选》第二卷，人民出版社，2016，第285页。
② 胡锦涛：《胡锦涛文选》第二卷，人民出版社，2016，第289-290页。
③ 胡锦涛：《胡锦涛文选》第二卷，人民出版社，2016，第364页。
④ 胡锦涛：《胡锦涛文选》第二卷，人民出版社，2016，第378页。

彻党的十七大精神研讨班上发表讲话，指出深入学习领会科学发展观，应深刻领会其核心是以人为本，而"贯彻落实核心是以人为本的要求，必须始终实现好、维护好、发展好最广大人民根本利益，尊重人民主体地位，发挥人民首创精神，保障人民各项权益，走共同富裕道路，促进人的全面发展。必须扩大人民民主，保障人民享有更多更切实的民主权利，保证人民赋予的权力始终用来为人民谋利益，更好保障人民权益和社会公平正义"①。

2008年2月27日，胡锦涛在十七届二中全会第二次全体会议上发表讲话，指出坚持中国特色社会主义政治发展道路是"要全面落实依法治国基本方略。加快建设社会主义法治国家，树立社会主义法治理念，弘扬法治精神，坚持科学立法、民主立法，完善中国特色社会主义法律体系；加强宪法法律实施，推进依法行政，坚持执法为民，深化司法体制改革，实现国家各项工作法治化；维护社会公平正义，完善制约和监督机制，建立健全决策权、执行权、监督权既相互制约又相互协调的权力结构和运行机制，完善各类公开办事制度，切实保障人民经济、政治、文化、社会权益"②。

十、依法治国与社会主义法治理念之间的辩证关系

实行依法执政基本方式、建设社会主义法治国家的思想，针对社会主义法治发展的实际需要，提出了社会主义法治理论这一重大命题，以社会主义法治理念指导社会主义法治。

2006年3月3日，胡锦涛在参加十届全国人大四次会议、全国政协十届四次会议的党员负责同志会议上发表讲话，指出"理念是行动的指南。我们实施依法治国的基本方略、建设社会主义法治国家，既要积极加强法制建设，又要牢固树立社会主义法治理念。我国法治是社会主义法治，社会主义法治必须以社会主义法治理念为指导。坚持社会主义法治理念，就是要坚持依法治国、执政为民、公平正义、服务大局、党的领导"。"依法治国是社会主义法治的根本原则，坚持依法治国就是要维护法律权威，坚持法律面前人人平等，做到有法可依、有法必依、执法必严、违法必究，保证广大人民群众依法行使权利和履行义务，保证国家各项工作都依法进

---

① 胡锦涛：《胡锦涛文选》第三卷，人民出版社，2016，第4–5页。
② 胡锦涛：《胡锦涛文选》第三卷，人民出版社，2016，第75页。

行"。"执法为民是社会主义法治的本质要求，坚持执法为民就要坚持一切权力属于人民，以最广大人民根本利益为执法工作出发点和落脚点，尊重和保障人权，做到为人民执法、靠人民执法"。"公平正义是社会主义法治的基本目标，坚持公平正义就要在立法、执法、司法活动中维护社会公平正义，坚持公开、公平、公正，维护群众权益，维护国家利益"。"服务大局是社会主义法治的中心任务，坚持服务大局就要紧紧围绕党和国家工作大局开展立法、执法、司法工作，为社会主义经济建设、政治建设、文化建设、社会建设提供强有力的法治保障"。"党的领导是社会主义法治的政治保证，坚持党的领导就要在党领导下发展社会主义民主、建设社会主义法治国家，实现坚持党的领导、人民当家作主、依法治国有机统一"。"我们要在全体党员、干部和广大群众特别是要在立法、执法、司法等部门开展切实有效的社会主义法治理念教育，使大家都能够坚持和实践社会主义法治理念，坚持社会主义法治的正确方向，更好建设社会主义法治国家"①。

2007年10月15日，胡锦涛代表第十六届中央委员会在党的十七大上做报告，指出"坚持依法治国基本方略，树立社会主义法治理念，实现国家各项工作法治化，保障公民合法权益"②。

2007年12月25日，胡锦涛在全国政法工作会议代表和全国大法官、大检察官座谈会上发表讲话，指出做好政法工作，应坚持正确方向，特别是"要坚持以依法治国、执法为民、公平正义、服务大局、党的领导为主要内容的社会主义法治理念指引政法工作，充分发挥我国社会主义司法制度优越性，正确履行宪法法律赋予的职能，确保党的路线方针政策和决策部署在政法工作中得到不折不扣贯彻执行"③。

---

① 胡锦涛：《胡锦涛文选》第二卷，人民出版社，2016，第428-429页。

② 胡锦涛：《胡锦涛文选》第二卷，人民出版社，2016，第635页。

③ 胡锦涛：《胡锦涛文选》第三卷，人民出版社，2016，第28-29页。

第二节　实行依法执政基本方式、建设
社会主义法治国家的思想的重要意义

一、持续深化社会主义法治理论，使中国特色社会主义法治理论继续向前发展

实行依法执政基本方式、建设社会主义法治国家的思想，是继邓小平民主法制思想和实行依法治国基本方略、建设社会主义法治国家的思想之后，中国特色社会主义法治理论发展的第三个历史阶段。它一方面继承了邓小平民主法制思想和实行依法治国基本方略、建设社会主义法治国家的思想的理论原理和方法论原则，如法治与党的领导、法治与民主等社会主义法治的制度和原则，另一方面又立足于当时我国经济社会发展和法治建设的实际需要，提出了一系列新的理念和思想，如党的领导、人民当家作主、依法治国有机统一以及党依法执政和社会主义法治理念等，使得中国特色社会主义法治理论得以继续向前发展。

二、提出了党依法执政的理念，实现依法治国与依法执政的统一，将中国特色社会主义法治理论推向一个新的历史阶段

邓小平民主法制思想和实行依法治国基本方略、建设社会主义法治国家的思想，均强调在党的领导下加强社会主义法制或依法治国、建设社会主义法治国家，也均要求党应当维护社会主义法制的统一和尊严。实行依法执政基本方式、建设社会主义法治国家的思想根据新的历史条件，在此基础上进一步提出党应当依法执政。依法执政将党的执政地位同依法治国有效连接在一起，使党的领导和依法治国有机统一在一起，这标志着党对法治理论和法治实践的认识达到了一个新的更高的水平。

第五章 习近平法治思想

第一节 习近平法治思想的核心要义

一、坚持党对全面依法治国的领导

习近平法治思想认为，党的领导是推进全面依法治国的根本保证。国际国内环境越是复杂，改革开放和社会主义现代化建设任务越是繁重，越要运用法治思维和法治手段巩固执政地位、改善执政方式、提高执政能力，保证党和国家长治久安。全面依法治国是要加强和改善党的领导，健全党领导全面依法治国的制度和工作机制，推进党的领导制度化、法治化，通过法治保障党的路线方针政策有效实施①。

2012年11月8日，党的十八大指出，在新的历史条件下夺取中国特色社会主义的新胜利，必须牢牢把握，必须坚持一系列基本要求，必须坚持党的领导，"要坚持立党为公、执政为民，加强和改善党的领导，坚持党总揽全局、协调各方的领导核心作用，保证党的先进性和纯洁性，增强党的创造力、凝聚力、战斗力，提高党科学执政、民主执政、依法执政水平"②。"党领导人民制定宪法和法律，党必须在宪法和法律范围内活动。任何组织或者个人

① 习近平：《坚定不移走中国特色社会主义法治道路 为全面建设社会主义现代化国家提供有力法治保障》，《求是》2021年第5期，http://www.qstheory.cn/dukan/qs/2021-02/28/c_1127146541.htm。

② 中共中央文献研究室：《十八大以来重要文献选编》（上），中央文献出版社，2014，第12页。

都不得有超越宪法和法律的特权，绝不允许以言代法、以权压法、徇私枉法"①。

2012年11月17日，十八届中央政治局举行第一次集体学习，习近平总书记在主持学习时发表了《紧紧围绕坚持和发展中国特色社会主义学习宣传贯彻党的十八大精神》的重要讲话。他指出，"中国特色社会主义制度，坚持把根本政治制度、基本政治制度同基本经济制度以及各方面体制机制等具体制度有机结合起来，坚持把国家层面民主制度同基层民主制度有机结合起来，坚持把党的领导、人民当家作主、依法治国有机结合起来，符合我国国情，集中体现了中国特色社会主义的特点和优势，是中国发展进步的根本制度保障"②。

2013年2月23日，习近平总书记在主持十八届中央政治局第四次集体学习时发表重要讲话。他指出，"我们党是执政党，坚持依法执政，对全面推进依法治国具有重大作用。要坚持党的领导、人民当家作主、依法治国有机统一，把党的领导贯彻到依法治国全过程。各级党组织必须坚持在宪法和法律范围内活动。各级领导干部要带头依法办事，带头遵守法律。各级组织部门要把能不能依法办事、遵守法律作为考察识别干部的重要条件"③。

2013年3月17日，习近平总书记在第十二届全国人民代表大会第一次会议上当选国家主席并发表讲话，提出"我们要坚持党的领导、人民当家作主、依法治国有机统一，坚持人民主体地位，扩大人民民主，推进依法治国，坚持和完善人民代表大会制度的根本政治制度，中国共产党领导的多党合作和政治协商制度、民族区域自治制度以及基层群众自治制度等基本政治制度，建设服务政府、责任政府、法治政府、廉洁政府，充分调动人民积极性"④。

2013年11月4日，刘云山在省部级干部学习贯彻习近平总书记系列重要讲话精神研讨班开班式上发表讲话。他要求深入学习习近平总书记关于社会

① 中共中央文献研究室：《十八大以来重要文献选编》（上），中央文献出版社，2014，第22页。

② 中共中央文献研究室：《十八大以来重要文献选编》（上），中央文献出版社，2014，第75页。

③ 习近平：《习近平谈治国理政》，外文出版社，2014，第146页。

④ 中共中央文献研究室：《十八大以来重要文献选编》（上），中央文献出版社，2014，第235页。

主义民主政治和依法治国的重要论述，坚持走中国特色社会主义政治发展道路，并指出"习近平同志还强调：党领导人民制定、执行宪法和法律，党自身必须在宪法和法律范围内活动，真正做到党领导立法、保证执法、带头守法，推动形成办事依法、遇事找法、解决问题用法、化解矛盾靠法的良好法治环境"①。

2013年11月5日，中共中央印发了《中央党内法规制定工作五年规划纲要（二〇一三—二〇一七年）》②，这意味着法治思维和法治方式在从严治党工作领域获得纵深体现，依法治国与依规治党开始在制度建设层面进行对接，党的科学执政、民主执政特别是依法执政水平提高到一个新的阶段。

2014年10月20日，习近平总书记在党的十八届四中全会上就《中共中央关于全面推进依法治国若干重大问题的决定》作了说明，他指出："党的领导和依法治国的关系。党和法治的关系是法治建设的核心问题。全面推进依法治国这件大事能不能办好，最关键的是方向是不是正确、政治保证是不是坚强有力，具体讲就是要坚持党的领导，坚持中国特色社会主义制度，贯彻中国特色社会主义法治理论。党的领导是中国特色社会主义最本质的特征，是社会主义法治最根本的保证。中国特色社会主义制度是中国特色社会主义法治体系的根本制度基础，是全面推进依法治国的根本制度保障。中国特色社会主义法治理论是中国特色社会主义法治体系的理论指导和学理支撑，是全面推进依法治国的行动指南。这三个方面实质上是中国特色社会主义法治道路的核心要义，规定和确保了中国特色社会主义法治体系的制度属性和前进方向。""把坚持党的领导、人民当家作主、依法治国有机统一起来是我国社会主义法治建设的一条基本经验。我们宪法以根本法的形式反映了党带领人民进行革命、建设、改革取得的成果，确立了在历史和人民选择中形成的中国共产党的领导地位。对这一点，要理直气壮讲、大张旗鼓讲。要向干部

---

① 中共中央文献研究室：《十八大以来重要文献选编》（上），中央文献出版社，2014，第464页。

② 中共中央文献研究室：《十八大以来重要文献选编》（上），中央文献出版社，2014，第476页。

群众讲清楚我国社会主义法治的本质特征，做到正本清源、以正视听。"①

2014年10月23日，习近平总书记在党的十八届四中全会第二次全体会议上发表重要讲话。他指出："必须坚持中国共产党的领导。党的领导是中国特色社会主义最本质的特征，是社会主义法治最根本的保证。坚持中国特色社会主义法治道路，最根本的是坚持中国共产党的领导。依法治国是我们党提出来的，把依法治国上升为党领导人民治理国家的基本方略也是我们党提出来的，而且党一直带领人民在实践中推进依法治国。全面推进依法治国，要有利于加强和改善党的领导，有利于巩固党的领导地位，完成党的执政使命，决不是要削弱党的领导。坚持党的领导，是社会主义法治的根本要求，是全面推进依法治国的题中应有之义。要把党的领导贯彻到依法治国全过程和各方面，坚持党的领导、人民当家作主、依法治国有机统一。只有在党的领导下依法治国、厉行法治，人民当家作主才能充分实现，国家和社会生活法治化才能有序推进。坚持党的领导，不是一句空的口号，必须具体体现在党领导立法、保证执法、支持司法、带头守法上。一方面，要坚持党总揽全局、协调各方的领导核心作用，统筹依法治国的各领域工作，确保党的主张贯彻到依法治国的全过程和各方面。另一方面，要改善党对依法治国的领导，不断提高党领导依法治国的能力和水平。党既要坚持依法治国、依法执政，自觉在宪法法律范围内活动，又要发挥好党组织和广大党员、干部在依法治国中的政治核心作用和先锋模范作用。"②

2015年2月2日，习近平总书记在省部级主要领导干部学习贯彻党的十八届四中全会精神全面推进依法治国专题研讨班上发表讲话。他强调："中国共产党是中国特色社会主义事业的领导核心，处在总揽全局、协调各方的地位。社会主义法治必须坚持党的领导，党的领导必须依靠社会主义法治。法是党的主张和人民意愿的统一体现，党领导人民制定宪法法律，党领导人民实施宪法法律，党自身必须在宪法法律范围内活动，这就是党的领导力量的体现。"③

---

① 中共中央文献研究室：《十八大以来重要文献选编》（中），中央文献出版社，2016，第146-147页。

② 习近平：《习近平谈治国理政》第二卷，外文出版社，2017，第114-115页。

③ 习近平：《习近平谈治国理政》第二卷，外文出版社，2017，第128页。

2016年7月1日，习近平总书记在庆祝中国共产党成立九十五周年大会上发表讲话，指出："全面依法治国，核心是坚持党的领导、人民当家作主、依法治国有机统一，关键在于坚持党领导立法、保证执法、支持司法、带头守法。"①

2016年12月13日，中共中央发布《中共中央关于加强党内法规制度建设的意见》，指出："治国必先治党，治党务必从严，从严必依法度。加强党内法规制度建设，是全面从严治党、依规治党的必然要求，是建设中国特色社会主义法治体系的重要内容，是推进国家治理体系和治理能力现代化的重要保障。"②

2017年10月18日，习近平在中国共产党第十九次全国代表大会上作了《决胜全面建成小康社会　夺取新时代中国特色社会主义伟大胜利》的报告。报告提出："党的领导是人民当家作主和依法治国的根本保证，人民当家作主是社会主义民主政治的本质特征，依法治国是党领导人民治理国家的基本方略，三者统一于我们社会主义民主政治伟大实践。在我国政治生活中，党是居于领导地位的，加强党的集中统一领导，支持人大、政府、政协和法院、检察院依法依章程履行职能、开展工作、发挥作用，这两个方面是统一的。要改进党的领导方式和执政方式，保证党领导人民有效治理国家；扩大人民有序政治参与，保证人民依法实行民主选举、民主协商、民主决策、民主管理、民主监督；维护国家法制统一、尊严、权威，加强人权法治保障，保证人民依法享有广泛权利和自由。巩固基层政权，完善基层民主制度，保障人民知情权、参与权、表达权、监督权。健全依法决策机制，构建决策科学、执行坚决、监督有力的权力运行机制。各级领导干部要增强民主意识，发扬民主作风，接受人民监督，当好人民公仆。"③

2017年10月24日，党的十九大将"全面依法治国"作为党坚持和发展中国特色社会主义的战略布局写入党章，并同时将"建设中国特色社会主

---

① 中共中央党史和文献研究院：《十八大以来重要文献选编》（下），中央文献出版社，2018，第351-352页。

② 中共中央党史和文献研究院：《十八大以来重要文献选编》（下），中央文献出版社，2018，第509页。

③ 习近平：《习近平谈治国理政》第三卷，外文出版社，2020，第28-29页。

法治体系"作为党的十八大以来以习近平同志为核心的党中央在政治建设方面提出的新理念新思想新战略写入党章①。同日，党的十九大通过了《十八届中央纪律检查委员会向中国共产党第十九次全国代表大会的工作报告》，报告指出："把制定单部法规置于制度体系建设中综合考量，使党内法规与国家法律协调衔接，依规治党和依法治国相互促进、相得益彰。"②

2017年10月25日，习近平总书记在中共十九届一中全会上发表重要讲话，要求"在新时代的征程上，全党同志一定要适应新时代中国特色社会主义的发展要求，提高战略思维、创新思维、辩证思维、法治思维、底线思维能力"③。

2018年2月26日，习近平总书记在中共十九届三中全会上作了《关于深化党和国家机构改革决定稿和方案稿的说明》，他指出："我们党在一个有着13亿多人口的大国长期执政，要保证国家统一、法制统一、政令统一、市场统一，要实现经济发展、政治清明、文化昌盛、社会公正、生态良好，要顺利推进新时代中国特色社会主义各项事业，必须完善坚持党的领导的体制机制，更好发挥党的领导这一最大优势，担负好进行伟大斗争、建设伟大工程、推进伟大事业、实现伟大梦想的重大职责。在我国政治生活中，党是居于领导地位的，加强党的集中统一领导，支持人大、政府、政协和监察机关、审判机关、检察机关、人民团体、企事业单位、社会组织履行职能、开展工作、发挥作用，这两个方面是统一的。"④

2018年2月28日，习近平总书记在中共十九届三中全会第二次全体会议上发表重要讲话。他指出："党总揽全局、协调各方的领导体系是居于统领地位的，是全覆盖、全贯穿的，人大、政府、政协、监察机关、审判机关、检察机关、人民团体、企事业单位、社会组织以及武装力量等在党的统一领导下，各就其位、各司其职、各尽其责、有序协同，保证中央和地方各级政令

---

① 中共中央党史和文献研究院：《十九大以来重要文献选编》（上），中央文献出版社，2019，第53页。

② 中共中央党史和文献研究院：《十九大以来重要文献选编》（上），中央文献出版社，2019，第70页。

③ 习近平：《习近平谈治国理政》第三卷，外文出版社，2020，第61页。

④ 习近平：《习近平谈治国理政》第三卷，外文出版社，2020，第89-90页。

统一、运行顺畅、执行高效、充满活力。"①

2018年8月24日，习近平总书记在中央全面依法治国委员会第一次会议上发表讲话。他指出："党的领导是社会主义法治最根本的保证。全面依法治国决不是要削弱党的领导，而是要加强和改善党的领导，不断提高党领导依法治国的能力和水平，巩固党的执政地位。必须坚持实现党领导立法、保证执法、支持司法、带头守法，健全党领导全面依法治国的制度和工作机制，通过法定程序使党的主张成为国家意志、形成法律，通过法律保障党的政策有效实施，确保全面依法治国正确方向。"②

2019年7月5日，习近平总书记在深化党和国家机构改革总结会议上发表重要讲话，要求"要发挥好中央和地方两个积极性，确保党中央集中统一领导和国家制度统一、政令统一"③。

2019年12月1日，《求是》发表习近平总书记重要文章《坚持、完善和发展中国特色社会主义国家制度与法律制度》。文章指出："民主集中制是我国国家组织形式和活动方式的基本原则，是我国国家制度的突出特点。在党的领导下，各国家机关是一个统一整体，既合理分工，又密切协作，既充分发扬民主，又有效进行集中，克服了议而不决、决而不行、行而不实等不良现象，避免了相互掣肘、效率低下的弊端。"④

2020年2月5日，习近平总书记在中央全面依法治国委员会第三次会议上指出："宪法规定了党总揽全局、协调各方的领导地位。要进一步推进党的领导入法入规，善于使党的主张通过法定程序成为国家意志、转化为法律法规，推进党的领导制度化、法治化、规范化。各级党组织和党员、干部要强化依法治国、依法执政观念，提高运用法治思维和法治方式深化改革、推动发展、化解矛盾、维护稳定、应对风险的能力。"⑤

2020年6月29日，习近平总书记在十九届中央政治局第二十一次集体学

① 习近平：《习近平谈治国理政》第三卷，外文出版社，2020，第169页。

② 习近平：《习近平谈治国理政》第三卷，外文出版社，2020，第284页。

③ 习近平：《习近平谈治国理政》第三卷，外文出版社，2020，第107页。

④ 习近平：《坚持、完善和发展中国特色社会主义国家制度与法律制度》，《求是》2019年第23期，http://www.qstheory.cn/dukan/qs/2019-11/30/c_1125288601.htm。

⑤ 习近平：《推进全面依法治国，发挥法治在国家治理体系和治理能力现代化中的积极作用》，《求是》2020年第22期，http://www.qstheory.cn/dukan/qs/2020-11/15/c_1126739089.htm。

习时强调：“党的组织路线是为党的政治路线服务的。正确政治路线决定正确组织路线，正确组织路线服务保证正确政治路线。党政军民学，东西南北中，党是领导一切的，这是党领导人民进行革命、建设、改革最可宝贵的经验。加强党的组织建设，根本目的是坚持和加强党的全面领导，为推进中国特色社会主义事业提供坚强保证。”①

2020年11月16日至17日，中央全面依法治国工作会议在北京召开，习近平总书记在会议中强调：“党的领导是推进全面依法治国的根本保证。……国际国内环境越是复杂，改革开放和社会主义现代化建设任务越是繁重，越要运用法治思维和法治手段巩固执政地位、改善执政方式、提高执政能力，保证党和国家长治久安。”全面依法治国是“要加强和改善党的领导，健全党领导全面依法治国的制度和工作机制，推进党的领导制度化、法治化，通过法治保障党的路线方针政策有效实施”②。

2022年10月16日，党的二十大报告指出，要“坚持和加强党的全面领导。坚决维护党中央权威和集中统一领导，把党的领导落实到党和国家事业各领域各方面各环节，使党始终成为风雨来袭时全体人民最可靠的主心骨，确保我国社会主义现代化建设正确方向，确保拥有团结奋斗的强大政治凝聚力、发展自信心，集聚起万众一心、共克时艰的磅礴力量”③。

2022年12月19日，习近平总书记在《谱写新时代中国宪法实践新篇章——纪念现行宪法公布施行40周年》一文中强调，“我国宪法确认了中国共产党的领导地位，这是我国宪法最显著的特征，也是我国宪法得到全面贯彻实施的根本保证。只有中国共产党才能坚持立党为公、执政为民，充分发扬民主，领导人民制定出体现人民意志的宪法，领导人民实施宪法，确保我国宪法发展的正确政治方向”。“坚持和加强党对宪法工作的全面领导，更好发挥我国宪法制度的显著优势和重要作用。我国宪法是我们党领导人民长期

---

① 习近平：《贯彻落实新时代党的组织路线　不断把党建设得更加坚强有力》，《求是》2020年第15期，http://www.qstheory.cn/dukan/qs/2020-07/31/c_1126305988.htm。

② 习近平：《坚定不移走中国特色社会主义法治道路　为全面建设社会主义现代化国家提供有力法治保障》，《求是》2021年第5期，http://www.qstheory.cn/dukan/qs/2021-02/28/c_1127146541.htm。

③ 习近平：《高举中国特色社会主义伟大旗帜　为全面建设社会主义现代化国家而团结奋斗——在中国共产党第二十次全国代表大会上的报告》，《人民日报》2022年10月26日第1版。

奋斗历史逻辑、理论逻辑、实践逻辑的必然结果。没有中国共产党领导，就无法保证我国宪法得到全面贯彻和有效实施。要坚持和加强党对宪法工作的全面领导，确保我国宪法发展的正确政治方向，确保我国宪法得到全面贯彻和有效实施，更好发挥宪法在坚持中国共产党领导，保障人民当家作主，促进改革开放和社会主义现代化建设，推动社会主义法治国家建设进程，促进人权事业全面发展，维护国家统一、民族团结、社会和谐稳定等方面的重要作用。要坚定政治制度自信，坚定不移走中国特色社会主义政治发展道路，坚持和完善中国特色社会主义制度，坚持宪法确定的中国共产党领导地位不动摇，坚持宪法确定的人民民主专政的国体和人民代表大会制度的政体不动摇，决不照抄照搬别国模式和做法"①。

二、坚持以人民为中心

习近平法治思想认为，全面依法治国最广泛、最深厚的基础是人民，必须坚持为了人民、依靠人民。要把体现人民利益、反映人民愿望、维护人民权益、增进人民福祉落实到全面依法治国各领域全过程。推进全面依法治国，根本目标是依法保障人民权益。要积极回应人民群众新要求新期待，系统研究谋划和解决法治领域人民群众反映强烈的突出问题，不断增强人民群众获得感、幸福感、安全感，用法治保障人民安居乐业②。

2012年11月8日，党的十八大指出，在新的历史条件下夺取中国特色社会主义的新胜利，必须牢牢把握，必须坚持一系列基本要求，必须坚持人民主体地位。"要发挥人民主人翁精神，坚持依法治国这个党领导人民治理国家的基本方略，最广泛地动员和组织人民依法管理国家事务和社会事务、管理经济和文化事业、积极投身社会主义现代化建设，更好保障人民权益，更好保证人民当家作主"③。同时，党的十八大根据我国经济社会发展实际，提

---

① 习近平：《谱写新时代中国宪法实践新篇章——纪念现行宪法公布施行40周年》，《人民日报》2022年12月20日第1版。

② 习近平：《坚定不移走中国特色社会主义法治道路 为全面建设社会主义现代化国家提供有力法治保障》，《求是》2021年第5期，http://www.qstheory.cn/dukan/qs/2021-02/28/c_1127146541.htm。

③ 中共中央文献研究室：《十八大以来重要文献选编》（上），中央文献出版社，2014，第11页。

出了在全面建设小康社会目标基础上努力实现的新的要求，其中"人民民主不断扩大"是一项重要内容，其具体内容是："民主制度更加完善，民主形式更加丰富，人民积极性、主动性、创造性进一步发挥。依法治国基本方略全面落实，法治政府基本建成，司法公信力不断提高，人权得到切实尊重和保障。"[1]而要全面建成小康社会，应"加快推进社会主义民主政治制度化、规范化、程序化，从各层次各领域扩大公民有序政治参与，实现国家各项工作法治化"[2]。党的十八大据此进一步提出"坚持走中国特色社会主义政治发展道路和推进政治体制改革"，指出"人民民主是我们党始终高扬的光辉旗帜。改革开放以来，我们总结发展社会主义民主正反两方面经验，强调人民民主是社会主义的生命，坚持国家一切权力属于人民，不断推进政治体制改革，社会主义民主政治建设取得重大进展，成功开辟和坚持了中国特色社会主义政治发展道路，为实现最广泛的人民民主确立了正确方向。政治体制改革是我国全面改革的重要组成部分。必须继续积极稳妥推进政治体制改革，发展更加广泛、更加充分、更加健全的人民民主。必须坚持党的领导、人民当家作主、依法治国有机统一，以保证人民当家作主为根本，以增强党和国家活力、调动人民积极性为目标，扩大社会主义民主，加快建设社会主义法治国家，发展社会主义政治文明"[3]，"更加注重健全民主制度、丰富民主形式，保证人民依法实行民主选举、民主决策、民主管理、民主监督"[4]。

2012年11月17日，十八届中央政治局举行第一次集体学习，习近平总书记在主持学习时发表了《紧紧围绕坚持和发展中国特色社会主义学习贯彻党的十八大精神》的重要讲话。他指出："中国特色社会主义制度，坚持把根本政治制度、基本政治制度同基本经济制度以及各方面体制机制等具体制度有机结合起来，坚持把国家层面民主制度同基层民主制度有机结合起来，坚

---

[1] 中共中央文献研究室：《十八大以来重要文献选编》（上），中央文献出版社，2014，第14页。

[2] 中共中央文献研究室：《十八大以来重要文献选编》（上），中央文献出版社，2014，第15页。

[3] 中共中央文献研究室：《十八大以来重要文献选编》（上），中央文献出版社，2014，第19-20页。

[4] 中共中央文献研究室：《十八大以来重要文献选编》（上），中央文献出版社，2014，第20页。

持把党的领导、人民当家作主、依法治国有机结合起来，符合我国国情，集中体现了中国特色社会主义的特点和优势，是中国发展进步的根本制度保障。"①

2013年3月17日，习近平同志在第十二届全国人民代表大会第一次会议上当选国家主席并发表讲话，提出"我们要坚持党的领导、人民当家作主、依法治国有机统一，坚持人民主体地位，扩大人民民主，推进依法治国，坚持和完善人民代表大会制度的根本政治制度，中国共产党领导的多党合作和政治协商制度、民族区域自治制度及基层群众自治制度等基本政治制度，建设服务政府、责任政府、法治政府、廉洁政府，充分调动人民积极性"②。

2013年3月17日，张德江在第十二届全国人民代表大会第一次会议上当选常务委员会委员长并发表讲话。他指出："回顾改革开放以来我国社会主义民主政治建设取得的成就，最重要的就是坚持党的领导、人民当家作主、依法治国有机统一，成功开辟和坚持了中国特色社会主义政治发展道路，为实现最广泛的人民民主确立了正确方向。"③

2013年11月4日，刘云山在省部级干部学习贯彻习近平总书记系列重要讲话精神研讨班开班式上发表讲话。他要求深入学习领会习近平总书记关于社会主义民主政治和依法治国的重要论述，坚持走中国特色社会主义政治发展道路，并指出，人民民主是我们党始终高扬的旗帜，社会主义政治文明是我们党始终不渝的追求。习近平同志指出，改革开放以来，我们党团结带领人民成功开辟和坚持了中国特色社会主义政治发展道路，为实现最广泛的人民民主确立了正确方向；坚持中国特色社会主义政治发展道路，关键是要坚持党的领导、人民当家作主、依法治国有机统一，继续积极稳妥推进政治体制改革，坚持和完善人民代表大会制度、中国共产党领导的多党合作和政治协商制度、民族区域自治制度以及基层群众自治制度，巩固和发展最广泛的

---

① 中共中央文献研究室：《十八大以来重要文献选编》（上），中央文献出版社，2014，第75页。

② 中共中央文献研究室：《十八大以来重要文献选编》（上），中央文献出版社，2014，第235页。

③ 中共中央文献研究室：《十八大以来重要文献选编》（上），中央文献出版社，2014，第241页。

爱国统一战线，发展更加广泛、更加充分、更加健全的人民民主①。

2014年9月5日，习近平总书记在庆祝全国人民代表大会成立六十周年大会上发表讲话。他指出，"在中国，发展社会主义民主政治，保证人民当家作主，保证国家政治生活既充满活力又安定有序，关键是要坚持党的领导、人民当家作主、依法治国有机统一。人民代表大会制度是坚持党的领导、人民当家作主、依法治国有机统一的根本制度安排"；他同时强调，"坚持和完善人民代表大会制度，必须全面推进依法治国。发展人民民主必须坚持依法治国、维护宪法法律权威，使民主制度化、法律化，使这种制度和法律不因领导人的改变而改变，不因领导人看法和注意力的改变而改变。宪法是国家的根本法，坚持依法治国首先要坚持依宪治国，坚持依法执政首先要坚持依宪执政。我们必须坚持把依法治国作为党领导人民治理国家的基本方略、把法治作为治国理政的基本方式，不断把法治中国建设推向前进。要通过人民代表大会制度，弘扬社会主义法治精神，依照人民代表大会及其常委会制定的法律法规来展开和推进国家各项事业和各项工作，保证人民平等参与、平等发展权利，维护社会公平正义，尊重和保障人权，实现国家各项工作法治化"。他还提出，"评价一个国家政治制度是不是民主的、有效的，主要看国家领导层能否依法有序更替，全体人民能否依法管理国家事务和社会事务、管理经济和文化事业，人民群众能否畅通表达利益要求，社会各方面能否有效参与国家政治生活，国家决策能否实现科学化、民主化，各方面人才能否通过公平竞争进入国家领导和管理体系，执政党能否依照宪法法律规定实现对国家事务的领导，权力运用能否得到有效制约和监督"②。

2014年10月23日，习近平总书记在党的十八届四中全会第二次全体会议上发表重要讲话。他指出，"必须坚持人民主体地位。我国社会主义制度保证了人民当家作主的主体地位，也保证了人民在全面推进依法治国中的主体地位。这是我们的制度优势，也是中国特色社会主义法治区别于资本主义法治的根本所在。坚持人民主体地位，必须坚持法治为了人民、依靠人民、造

①　中共中央文献研究室：《十八大以来重要文献选编》（上），中央文献出版社，2014，第463页。

②　中共中央文献研究室：《十八大以来重要文献选编》（中），中央文献出版社，2016，第54-55、60-61页。

福人民、保护人民。要保证人民在党的领导下，依照法律规定，通过各种途径和形式管理国家事务，管理经济和文化事业，管理社会事务。要把体现人民利益、反映人民愿望、维护人民权益、增进人民福祉落实到依法治国全过程，使法律及其实施充分体现人民意志。人民权益要靠法律保障，法律权威要靠人民维护。要充分调动人民群众投身依法治国实践的积极性和主动性，使全体人民都成为社会主义法治的忠实崇尚者、自觉遵守者、坚定捍卫者，使尊法、信法、守法、用法、护法成为全体人民的共同追求"①。

2017年10月18日，习近平在中国共产党第十九次全国代表大会上作了《决胜全面建成小康社会　夺取新时代中国特色社会主义伟大胜利》的报告。报告提出，要加强人民当家作主制度保障，发挥社会主义协商民主重要作用，"人民代表大会制度是坚持党的领导、人民当家作主、依法治国有机统一的根本政治制度安排，必须长期坚持、不断完善"，"有事好商量，众人的事情由众人商量，是人民民主的真谛"②。

2018年3月20日，第十三届全国人民代表大会第一次会议选举习近平继续担任中华人民共和国主席。习近平在大会上发表重要讲话。他指出："我们要以更大的力度、更实的措施发展社会主义民主，坚持党的领导、人民当家作主、依法治国有机统一，建设社会主义法治国家，推进国家治理体系和治理能力现代化，巩固和发展最广泛的爱国统一战线，确保人民享有更加广泛、更加充分、更加真实的民主权利，让社会主义民主的优越性更加充分地展示出来。"③

2018年8月24日，习近平总书记在中央全面依法治国委员会第一次会议上发表讲话。他指出："法治建设要为了人民、依靠人民、造福人民、保护人民。必须牢牢把握社会公平正义这一法治价值追求，努力让人民群众在每一项法律制度、每一个执法决定、每一宗司法案件中都感受到公平正义。要把体现人民利益、反映人民愿望、维护人民权益、增进人民福祉落实到依法治国全过程，保证人民在党的领导下通过各种途径和形式管理国家事务，管理

---

① 习近平：《习近平谈治国理政》第二卷，外文出版社，2017，第115页。
② 习近平：《习近平谈治国理政》第三卷，外文出版社，2020，第29页。
③ 习近平：《在第十三届全国人民代表大会第一次会议上的讲话》，《求是》2020年第10期，http://cpc.people.com.cn/n1/2020/0515/c64094-31710993.html。

经济和文化事业，管理社会事务。"①

2018年12月10日，习近平主席向纪念《世界人权宣言》发表70周年座谈会发出贺信，他在贺信中指出："人民幸福生活是最大的人权。中国共产党从诞生那一天起，就把为人民谋幸福、为人类谋发展作为奋斗目标。中华人民共和国成立近70年特别是改革开放40年来，中华民族迎来了从站起来、富起来到强起来的伟大飞跃。中国发展成就归结为一点，就是亿万中国人民生活日益改善。时代在发展，人权在进步。中国坚持把人权的普遍性原则和当代实际相结合，走符合国情的人权发展道路，奉行以人民为中心的人权理念，把生存权、发展权作为首要的基本人权，协调增进全体人民的经济、政治、社会、文化、环境权利，努力维护社会公平正义，促进人的全面发展。"②

2020年2月5日，习近平总书记在中央全面依法治国委员会第三次会议上指出，"要坚持和完善人民当家作主制度体系，健全社会公平正义法治保障制度，保证人民在党的领导下通过各种途径和形式依法管理国家事务、管理经济和文化事业、管理社会事务，使法律及其实施有效体现人民意志、保障人民权益、激发人民创造力"③。

2020年9月17日，习近平在《在基层代表座谈会上的讲话》中指出，"民心是最大的政治。我们党是全心全意为人民服务的党，坚持立党为公、执政为民，把人民对美好生活的向往作为始终不渝的奋斗目标。在近百年的奋斗历程中，我们党不仅是这么说的，也一直是这么做的"④。

2020年11月16日至17日，中央全面依法治国工作会议在北京召开，习近平总书记在会议中强调，"坚持以人民为中心。全面依法治国最广泛、最深厚的基础是人民，必须坚持为了人民、依靠人民。要把体现人民利益、反映人民愿望、维护人民权益、增进人民福祉落实到全面依法治国各领域全过程"。"推进全面依法治国，根本目的是依法保障人民权益。……要积极回应

① 习近平：《习近平谈治国理政》第三卷，外文出版社，2020，第284页。
② 习近平：《习近平谈治国理政》第三卷，外文出版社，2020，第288页。
③ 习近平：《推进全面依法治国，发挥法治在国家治理体系和治理能力现代化中的积极作用》，《求是》2020年第22期，http://www.qstheory.cn/dukan/qs/2020-11/15/c_1126739089.htm。
④ 习近平：《在基层代表座谈会上的讲话》，《人民日报》2020年9月20日第2版。

人民群众新要求新期待，系统研究谋划和解决法治领域人民群众反映强烈的突出问题，不断增强人民群众获得感、幸福感、安全感，用法治保障人民安居乐业"①。

2021年11月11日，中国共产党第十九届中央委员会第六次全体会议通过的《中共中央关于党的百年奋斗重大成就和历史经验的决议》中明确指出："全面依法治国最广泛、最深厚的基础是人民，必须把体现人民利益、反映人民愿望、维护人民权益、增进人民福祉落实到全面依法治国各领域全过程，保障和促进社会公平正义，努力让人民群众在每一项法律制度、每一个执法决定、每一宗司法案件中都感受到公平正义。"②

2021年12月6日，习近平总书记在中共中央政治局第三十五次集体学习时强调："我们已经踏上了全面建设社会主义现代化国家、向第二个百年奋斗目标进军的新征程，立足新发展阶段，贯彻新发展理念，构建新发展格局，推动高质量发展，满足人民群众对民主、法治、公平、正义、安全、环境等日益增长的要求，提高人民生活品质，促进共同富裕，都对法治建设提出了新的更高要求。""要始终坚持以人民为中心，坚持法治为了人民、依靠人民、造福人民、保护人民，把体现人民利益、反映人民愿望、维护人民权益、增进人民福祉落实到法治体系建设全过程。"③

2022年2月25日，习近平总书记在中共中央政治局第三十七次集体学习时强调："我们坚持法律面前人人平等，把尊重和保障人权贯穿立法、执法、司法、守法各个环节，加快完善权利公平、机会公平、规则公平的法律制度，保障公民人身权、财产权、人格权，保障公民参与民主选举、民主协商、民主决策、民主管理、民主监督等基本政治权利，保障公民经济、文化、社会、环境等各方面权利，不断提升人权法治化保障水平。""要加强人权法治保障，深化法治领域改革，健全人权法治保障机制，实现尊重和保障人权在

①习近平：《坚定不移走中国特色社会主义法治道路 为全面建设社会主义现代化国家提供有力法治保障》，《求是》2021年第5期，http://www.qstheory.cn/dukan/qs/2021-02/28/c_1127146541.htm。

②《中共中央关于党的百年奋斗重大成就和历史经验的决议》，《人民日报》2021年11月17日第1版。

③习近平：《坚定不移走中国特色社会主义法治道路 更好推进中国特色社会主义法治体系建设》，《人民日报》2021年12月8日第1版。

立法、执法、司法、守法全链条、全过程、全方位覆盖，让人民群众在每一项法律制度、每一个执法决定、每一宗司法案件中都感受到公平正义。要系统研究谋划和解决法治领域人民群众反映强烈的突出问题，依法公正对待人民群众的诉求，坚决杜绝因司法不公而造成伤害人民群众感情、损害人民群众权益的事情发生。对一切侵犯群众合法权利的行为，对一切在侵犯群众权益问题上漠然置之、不闻不问的现象，都必须依纪依法严肃查处、坚决追责。"[①]

2022年10月16日，党的二十大报告指出："人民民主是社会主义的生命，是全面建设社会主义现代化国家的应有之义。全过程人民民主是社会主义民主政治的本质属性，是最广泛、最真实、最管用的民主。必须坚定不移走中国特色社会主义政治发展道路，坚持党的领导、人民当家作主、依法治国有机统一，坚持人民主体地位，充分体现人民意志、保障人民权益、激发人民创造活力。我们要健全人民当家作主制度体系，扩大人民有序政治参与，保证人民依法实行民主选举、民主协商、民主决策、民主管理、民主监督，发挥人民群众积极性、主动性、创造性，巩固和发展生动活泼、安定团结的政治局面。"[②]

三、坚持中国特色社会主义法治道路

习近平法治思想认为，中国特色社会主义法治道路本质上是中国特色社会主义道路在法治领域的具体体现。既要立足当前，运用法治思维和法治方式解决经济社会发展面临的深层次问题，又要着眼长远，筑法治之基、行法治之力、积法治之势，促进各方面制度更加成熟更加定型，为党和国家事业发展提供长期性的制度保障。要传承中华优秀传统法律文化，从我国革命、建设、改革的实践中探索适合自己的法治道路，同时借鉴国外法治有益成果，为全面建设社会主义现代化国家、实现中华民族伟大复兴夯实法治

[①]《坚定不移走中国人权发展道路　更好推动我国人权事业发展》，《人民日报》2022年2月27日第1版。

[②] 习近平：《高举中国特色社会主义伟大旗帜　为全面建设社会主义现代化国家而团结奋斗——在中国共产党第二十次全国代表大会上的报告》，《人民日报》2022年10月26日第1版。

基础①。

2012年11月8日，党的十八大指出，"要把制度摆在突出位置，充分发挥我国社会主义政治制度优越性，积极借鉴人类政治文明有益成果，绝不照搬西方政治制度模式"②。2012年11月14日，党的十八大通过了《中国共产党第十八次全国代表大会关于〈中国共产党章程（修正案）〉的决议》，认为"发展更加广泛、更加充分、更加健全的人民民主，完善中国特色社会主义法律体系，是坚持走中国特色社会主义政治发展道路、积极稳妥推进政治体制改革、加强社会主义法治国家建设的客观需要"③。

2013年1月5日，习近平总书记在新进中央委员会的委员、候补委员学习贯彻党的十八大精神研讨班上发表了《关于坚持和发展中国特色社会主义的几个问题》的重要讲话。他认为，中国特色社会主义包括建设社会主义民主政治，包括人民代表大会制度的根本政治制度和中国特色社会主义法律体系等，"如果丢掉了这些，那就不成其为社会主义了"④。

2013年12月3日，习近平总书记在十八届中央政治局第十一次集体学习时发表讲话。他指出："对生产力标准必须全面准确理解，不能绝对化，不能撇开生产关系、上层建筑来理解生产力标准。改革开放以来，我们党提出的一系列'两手抓'，包括一手抓物质文明建设、一手抓精神文明建设，一手抓经济建设、一手抓法治建设，一手抓发展、一手抓稳定，一手抓改革开放、一手抓惩治腐败等，都是符合历史唯物主义要求的。"⑤

2014年10月20日，习近平总书记在党的十八届四中全会上就《中共中

---

① 习近平：《坚定不移走中国特色社会主义法治道路 为全面建设社会主义现代化国家提供有力法治保障》，《求是》2021年第5期，http://www.qstheory.cn/dukan/qs/2021-02/28/c_1127146541.htm。

② 中共中央文献研究室：《十八大以来重要文献选编》（上），中央文献出版社，2014，第20页。

③ 中共中央文献研究室：《十八大以来重要文献选编》（上），中央文献出版社，2014，第46页。

④ 中共中央文献研究室：《十八大以来重要文献选编》（上），中央文献出版社，2014，第110页。

⑤ 习近平：《坚持历史唯物主义不断开辟当代中国马克思主义发展新境界》，《求是》2020年第2期，http://www.qstheory.cn/dukan/qs/2020-01/15/c_1125459115.htm。

央关于全面推进依法治国若干重大问题的决定》作了说明。他指出："中国特色社会主义法治道路，是社会主义法治建设成就和经验的集中体现，是建设社会主义法治国家的唯一正确道路。在走什么样的法治道路问题上，必须向全社会释放正确而明确的信号，指明全面推进依法治国的正确方向，统一全党全国各族人民认识和行动。"①

2014 年 10 月 23 日，习近平总书记在党的十八届四中全会第二次全体会议上发表重要讲话。他指出："全面推进依法治国，必须走对路。如果路走错了，南辕北辙了，那再提什么要求和举措也都没有意义了。全会通过的《中共中央关于全面推进依法治国若干重大问题的决定》有一条贯穿全篇的红线，这就是坚持和拓展中国特色社会主义法治道路。中国特色社会主义法治道路是一个管总的东西。具体讲我国法治建设的成就，大大小小可以列举出十几条、几十条，但归结起来就是开辟了中国特色社会主义法治道路这一条。""恩格斯说过：'一个新的纲领毕竟总是一面公开树立起来的旗帜，而外界就根据它来判断这个党。'推进任何一项工作，只要我们党旗帜鲜明了，全党都行动起来了，全社会就会跟着走。一个政党执政，最怕的是在重大问题上态度不坚定，结果社会上对有关问题沸沸扬扬、莫衷一是，别有用心的人趁机煽风点火、蛊惑搅和，最终没有不出事的！所以，道路问题不能含糊，必须向全社会释放正确而又明确的信号。""这次全会部署全面推进依法治国，是我们党在治国理政上的自我完善、自我提高，不是在别人压力下做的。在坚持和拓展中国特色社会主义法治道路这个根本问题上，我们要树立自信、保持定力。走中国特色社会主义法治道路是一个重大课题，有许多东西需要深入探索，但基本的东西必须长期坚持。"②

2014 年 10 月 23 日，习近平总书记在党的十八届四中全会第二次全体会议上发表重要讲话。他指出："必须坚持从中国实际出发。走什么样的法治道路、建设什么样的法治体系，是由一个国家的基本国情决定的。'为国也，观俗立法则治，察国事本则宜。不观时俗，不察国本，则其法立而民乱，事剧而功寡。'全面推进依法治国，必须从我国实际出发，同推进国家治理体系和

---

① 中共中央文献研究室：《十八大以来重要文献选编》（中），中央文献出版社，2016，第147 页。

② 习近平：《习近平谈治国理政》第二卷，外文出版社，2017，第 113–114 页。

治理能力现代化相适应，既不能罔顾国情、超越阶段，也不能因循守旧、墨守成规。""坚持从实际出发，就是要突出中国特色、实践特色、时代特色。要总结和运用党领导人民实行法治的成功经验，围绕社会主义法治建设重大理论和实践问题，不断丰富和发展符合中国实际、具有中国特色、体现社会发展规律和社会主义法治理论，为依法治国提供理论指导和学理支撑。我们的先人们早就开始探索如何驾驭人类自身这个重大课题，春秋战国时期就有了自成体系的成文法典，汉唐时期形成了比较完备的法典。我国古代法制蕴含着十分丰富的智慧和资源，中华法系在世界几大法系中独树一帜。要注意研究我国古代法制传统和成败得失，挖掘和传承中华法律文明精华，汲取营养、择善而用。""坚持从我国实际出发，不等于关起门来搞法治。法治是人类文明的重要成果之一，法治的精髓和要旨对于各国国家治理和社会治理具有普遍意义，我们要学习借鉴世界上优秀的法治文明成果。但是，学习借鉴不等于是简单的拿来主义，必须坚持以我为主、为我所用，认真鉴别、合理吸收，不能搞'全盘西化'，不能搞'全面移植'，不能照搬照抄。"①

　　2015年2月2日，习近平总书记在省部级主要领导干部学习贯彻党的十八届四中全会精神全面推进依法治国专题研讨班上发表讲话。他强调："我们要坚持的中国特色社会主义法治道路，本质上是中国特色社会主义道路在法治领域的具体体现；我们要发展的中国特色社会主义法治理论，本质上是中国特色社会主义理论体系在法治问题上的理论成果；我们要建设的中国特色社会主义法治体系，本质上是中国特色社会主义制度的法律表现形式。"②

　　2018年8月24日，习近平总书记在中央全面依法治国委员会第一次会议上发表讲话。他指出："全面推进依法治国必须走对路。要从中国国情和实际出发，走适合自己的法治道路，决不能照搬别国模式和做法，决不走西方'宪政'、'三权鼎立'、'司法独立'的路子。"③

　　2019年11月30日，《求是》发表习近平总书记重要文章《坚持、完善和发展中国特色社会主义国家制度与法律制度》，并指出："我们要坚持好、巩固好已经建立起来并经过实践检验的根本制度、基本制度、重要制度的前

① 习近平：《习近平谈治国理政》第二卷，外文出版社，2017，第117-118页。
② 习近平：《习近平谈治国理政》第二卷，外文出版社，2017，第128页。
③ 习近平：《习近平谈治国理政》第三卷，外文出版社，2020，第284-285页。

提下，坚持从我国国情出发，继续加强制度创新，加快建立健全国家治理急需的制度、满足人民日益增长的美好生活需要必备的制度。要及时总结实践中的好经验好做法，成熟的经验和做法可以上升为制度、转化为法律。我们要积极吸收借鉴人类制度文明有益成果，但决不能动摇或放弃我国制度的根基。"①

2020年11月16日至17日，中央全面依法治国工作会议在北京召开，习近平总书记在会议中强调："我们要坚持的中国特色社会主义法治道路，本质上是中国特色社会主义道路在法治领域的具体体现；我们要发展的中国特色社会主义法治理论，本质上是中国特色社会主义理论体系在法治问题上的理论成果；我们要建设的中国特色社会主义法治体系，本质上是中国特色社会主义制度的法律表现形式。我们既要立足当前，运用法治思维和法治方式解决经济社会发展面临的深层次问题；又要着眼长远，筑法治之基、行法治之力、积法治之势，促进各方面制度更加成熟更加定型，为党和国家事业发展提供长期性的制度保障。"②

2021年12月6日，习近平总书记在中共中央政治局第三十五次集体学习时强调："要坚持法治体系建设正确方向，坚持党的领导，坚持中国特色社会主义制度，贯彻中国特色社会主义法治理论。中国特色社会主义法治体系是中国特色社会主义制度的重要组成部分，必须牢牢把握中国特色社会主义这个定性，正确处理政治和法治、改革和法治、依法治国和以德治国、依法治国和依规治党的关系，在坚持党的全面领导、保证人民当家作主等重大问题上做到头脑特别清晰、立场特别坚定。"③

2022年10月23日，在党的二十届一中全会上，习近平总书记指出："要坚持走中国特色社会主义法治道路，建设中国特色社会主义法治体系、建设社会主义法治国家，全面推进国家各方面工作法治化，更好发挥法治固根本、

---

① 习近平：《坚持、完善和发展中国特色社会主义国家制度与法律制度》，《求是》2019年第23期，http://www.qstheory.cn/dukan/qs/2019-11/30/c_1125288601.htm。

② 《坚定不移走中国特色社会主义法治道路 为全面建设社会主义现代化国家提供有力法治保障》，《求是》2021年第5期，http://www.qstheory.cn/dukan/qs/2021-02/28/c_1127146541.htm。

③ 习近平：《坚定不移走中国特色社会主义法治道路 更好推进中国特色社会主义法治体系建设》，《人民日报》2021年12月8日第1版。

稳预期、利长远的保障作用。要坚定不移贯彻总体国家安全观，统筹发展和安全，把维护国家安全贯穿党和国家工作各方面全过程，确保国家安全和社会稳定。"①

四、坚持依宪治国、依宪执政

习近平法治思想认为，党领导人民制定宪法法律，领导人民实施宪法法律，党自身要在宪法法律范围内活动。全国各族人民、一切国家机关和武装力量、各政党和各社会团体、各企业事业组织，都必须以宪法为根本的活动准则，都负有维护宪法尊严、保证宪法实施的职责。坚持依宪治国、依宪执政，就包括坚持宪法确定的中国共产党领导地位不动摇，坚持宪法确定的人民民主专政的国体和人民代表大会制度的政体不动摇②。

2012年11月8日，党的十八大指出，要更加注重改进党的领导方式和执政方式，保证党领导人民有效治理国家③。

2012年12月4日，习近平总书记在首都各界纪念现行宪法公布施行三十周年大会上发表重要讲话。他认为："我国宪法以国家根本法的形式，确立了中国特色社会主义道路、中国特色社会主义理论体系、中国特色社会主义制度的发展成果，反映了我国各族人民的共同意志和根本利益，成为历史新时期党和国家的中心工作、基本原则、重大方针、重要政策在国家法制上的最高体现。"④他强调："依法治国，首先是依宪治国；依法执政，关键是依宪执政。新形势下，我们党要履行好执政兴国的重大责任，必须依据党章从严治党、依据宪法治国理政。党领导人民制定宪法和法律，党领导人民执行宪法和法律，党自身必须在宪法和法律范围内活动，真正做到党领导立法、保

---

① 习近平：《为实现党的二十大确定的目标任务而团结奋斗》，《求是》2023年第1期，http://www.qstheory.cn/dukan/qs/2022-12/31/c_1129246574.htm。

② 习近平：《坚定不移走中国特色社会主义法治道路 为全面建设社会主义现代化国家提供有力法治保障》，《求是》2021年第5期，http://www.qstheory.cn/dukan/qs/2021-02/28/c_1127146541.htm。

③ 中共中央文献研究室：《十八大以来重要文献选编》（上），中央文献出版社，2014，第20页。

④ 中共中央文献研究室：《十八大以来重要文献选编》（上），中央文献出版社，2014，第86页。

证执法、带头守法。""我们要坚持党总揽全局、协调各方的领导核心作用，坚持依法治国基本方略和依法执政基本方式，善于使党的主张通过法定程序成为国家意志，善于使党组织推荐的人选成为国家政权机关的领导人员，善于通过国家政权机关实施党对国家和社会的领导，支持国家权力机关、行政机关、审判机关、检察机关依照宪法和法律独立负责、协调一致地开展工作。各级党组织和党员领导干部要带头厉行法治，不断提高依法执政能力和水平，不断推进各项治国理政活动的制度化、法律化。各级领导干部要提高运用法治思维和法治方式深化改革、推动发展、化解矛盾、维护稳定能力，努力推动形成办事依法、遇事找法、解决问题用法、化解矛盾靠法的良好法治环境，在法治轨道上推动各项工作。我们要健全权力运行制约和监督体系，有权必有责，有权受监督，失职要问责，违法要追究，保证人民赋予的权力始终用来为人民谋利益。"①

2013年3月17日，张德江在第十二届全国人民代表大会第一次会议上当选常务委员会委员长并发表讲话。他指出："宪法是国家的根本大法，是治国安邦的总章程。我国宪法规定，中华人民共和国实行依法治国，建设社会主义法治国家。坚持依法治国，维护宪法和法律权威，是各级人大及其常委会的主要任务。"②

2013年11月4日，刘云山在省部级干部学习贯彻习近平总书记系列重要讲话精神研讨班开班式上发表讲话。他要求深入学习习近平总书记关于社会主义民主政治和依法治国的重要论述，坚持走中国特色社会主义政治发展道路，并指出："习近平同志强调：宪法是治国安邦的总章程，具有最高的法律地位、法律权威、法律效力，具有根本性、全局性、稳定性、长期性，依法治国首先是依宪治国，依法执政关键是依宪执政，要自觉恪守宪法原则、弘扬宪法精神、履行宪法使命。"③

---

① 中共中央文献研究室：《十八大以来重要文献选编》（上），中央文献出版社，2014，第91-92页。

② 中共中央文献研究室：《十八大以来重要文献选编》（上），中央文献出版社，2014，第240页。

③ 中共中央文献研究室：《十八大以来重要文献选编》（上），中央文献出版社，2014，第463-464页。

2014年9月5日，习近平总书记在庆祝全国人民代表大会成立六十周年大会上发表讲话。他指出："宪法是国家的根本法，坚持依法治国首先要坚持依宪治国，坚持依法执政首先要坚持依宪执政。"①

2016年7月1日，习近平总书记在庆祝中国共产党成立九十五周年大会上发表讲话，指出："要在全社会牢固树立宪法法律权威，弘扬宪法精神，任何组织和个人都必须在宪法法律范围内活动，都不得有超越宪法法律的特权。"②

2017年10月18日，习近平在中国共产党第十九次全国代表大会上作了《决胜全面建成小康社会 夺取新时代中国特色社会主义伟大胜利》的报告。报告指出，"加强宪法实施和监督，推进合宪性审查工作，维护宪法权威"，"各级党组织和全体党员要带头尊法学法守法用法，任何组织和个人都不得有超越宪法法律的特权，绝不允许以言代法、以权压法、逐利违法、徇私枉法"③。

2018年1月19日，习近平总书记在中共十九届二中全会第二次全体会议上发表重要讲话。他强调："党的十八大以来，我多次讲，全面贯彻实施宪法是全面依法治国、建设社会主义法治国家的首要任务和基础性工作。我们把实施宪法摆在全面依法治国的突出位置，采取一系列有力措施加强宪法实施和监督工作，维护宪法法律权威。""宪法集中体现了党和人民的统一意志和共同愿望，是国家意志的最高表现形式。'法者，国家所以布大信于天下。'可以说，宪法是国家布最大的公信于天下。建章立法需要讲求科学精神，全面认识和自觉运用规律。马克思说：'立法者应该把自己看作一个自然科学家。他不是在创造法律，不是在发明法律，而仅仅是在表述法律，他用有意识的实在法把精神关系的内在规律表现出来。'立宪和修宪在任何一个国家都是最为重要的政治活动和立法活动，必须以极其严肃认真的科学态度来对待。毛泽东同志1954年主持起草新中国第一部宪法时就说过：'搞宪法时搞

---

① 中共中央文献研究室：《十八大以来重要文献选编》（中），中央文献出版社，2016，第55页。

② 中共中央党史和文献研究院：《十八大以来重要文献选编》（下），中央文献出版社，2018，第352页。

③ 习近平：《习近平谈治国理政》第三卷，外文出版社，2020，第30-31页。

科学。''宪法的起草是慎重的，每一条、每一个字都是认真搞了的'。这一次宪法修改也同样如此。党中央决定对宪法进行适当修改是经过反复考虑、综合方方面面情况作出的，目的是在保持宪法连续性、稳定性、权威性的前提下，通过修改使我国宪法更好体现人民意志，更好体现中国特色社会主义制度的优势，更好适应提高中国共产党长期执政能力、推进全面依法治国、推进国家治理体系和治理能力现代化的要求，为新时代坚持和发展中国特色社会主义提供宪法保障。"①

2018年8月24日，习近平总书记在中央全面依法治国委员会第一次会议上发表讲话。他指出："依法治国首先要坚持依宪治国，依法执政首先要坚持依宪执政。党领导人民制定宪法法律，领导人民实施宪法法律，党自身必须在宪法法律规范内活动。任何公民、社会组织和国家机关都必须以宪法法律为行为准则，依照宪法法律行使权利或权力，履行义务或职责，都不得有超越宪法法律的特权，一切违反宪法法律的行为都必须予以追究。"②

2019年1月31日，党中央作出《中共中央关于加强党的政治建设的意见》，提出要完善党的领导体制，要"贯彻落实宪法规定，制定和修改有关法律法规要明确规定党领导相关工作的法律地位。将坚持党的全面领导的要求载入人大、政府、法院、检察院的组织法"③。

2020年11月16日至17日，中央全面依法治国工作会议在北京召开，习近平总书记在会议中强调，"党领导人民制定宪法法律，领导人民实施宪法法律，党自身要在宪法法律范围内活动。全国各族人民、一切国家机关和武装力量、各政党和各社会团体、各企业事业组织，都必须以宪法为根本的活动准则，都负有维护宪法尊严、保证宪法实施的职责"。"坚持依宪治国、依宪执政，就包括坚持宪法确定的中国共产党领导地位不动摇，坚持宪法确定的人民民主专政的国体和人民代表大会制度的政体不动摇"④。

---

① 习近平：《习近平谈治国理政》第三卷，外文出版社，2020，第279-281页。

② 习近平：《习近平谈治国理政》第三卷，外文出版社，2020，第285页。

③ 中央党史和文献研究院：《十九大以来重要文献选编》（上），中央文献出版社，2019，第799页。

④ 习近平：《坚定不移走中国特色社会主义法治道路 为全面建设社会主义现代化国家提供有力法治保障》，《求是》2021年第5期，http://www.qstheory.cn/dukan/qs/2021-02/28/c_1127146541.htm。

2021年10月13日至14日，中央人大工作会议在北京召开，会议上习近平总书记强调，"要全面贯彻实施宪法，维护宪法权威和尊严。全国人大及其常委会要完善宪法相关法律制度，保证宪法确立的制度、原则、规则得到全面实施，要加强对宪法法律实施情况的监督检查。地方各级人大及其常委会要依法行使职权，保证宪法法律在本行政区域内得到遵守和执行，自觉维护国家法治统一"①。

2022年10月16日，习近平总书记在中国共产党第二十次全国代表大会上做报告，他指出："坚持依法治国首先要坚持依宪治国，坚持依法执政首先要坚持依宪执政，坚持宪法确定的中国共产党领导地位不动摇，坚持宪法确定的人民民主专政的国体和人民代表大会制度的政体不动摇。加强宪法实施和监督，健全保证宪法全面实施的制度体系，更好发挥宪法在治国理政中的重要作用，维护宪法权威。加强重点领域、新兴领域、涉外领域立法，统筹推进国内法治和涉外法治，以良法促进发展、保障善治。"②

2022年12月19日，习近平总书记在《谱写新时代中国宪法实践新篇章——纪念现行宪法公布施行40周年》一文中强调，"把宪法实施贯穿到治国理政各方面全过程，不断提高党依宪治国、依宪执政的能力。宪法是治国安邦的总章程，是我们党治国理政的根本法律依据，是国家政治和社会生活的最高法律规范。提高党依宪治国、依宪执政能力，必须把宪法实施贯彻到统筹推进'五位一体'总体布局、协调推进'四个全面'战略布局的全部实践中，贯彻到改革发展稳定、内政外交国防、治党治国治军各领域各方面，全面推进国家各方面工作法治化。党领导人民制定宪法和法律，党首先要带头尊崇和执行宪法。要善于使党的主张通过法定程序成为国家意志，善于使党组织推荐的人选通过法定程序成为国家政权机关的领导人员，善于通过国家政权机关实施党对国家和社会的领导，支持国家权力机关、行政机关、监察机关、审判机关、检察机关依照宪法和法律独立负责、协调一致地开展工作。要把贯彻宪法法律落实到各级党委决策施策全过程，坚持依法决策、依

---

① 习近平：《坚持和完善人民代表大会制度 不断发展全过程人民民主》，《人民日报》2021年10月15日第1版。

② 习近平：《高举中国特色社会主义伟大旗帜 为全面建设社会主义现代化国家而团结奋斗——在中国共产党第二十次全国代表大会上的报告》，《人民日报》2022年10月26日第1版。

法施策，守住不与宪法法律相抵触的底线，确保决策施策经得起历史和人民检验"①。

五、坚持在法治轨道上推进国家治理体系和治理能力现代化

习近平法治思想认为，法治是国家治理体系和治理能力的重要依托。只有全面依法治国才能有效保障国家治理体系的系统性、规范性、协调性，才能最大限度凝聚社会共识。在统筹推进伟大斗争、伟大工程、伟大事业、伟大梦想的实践中，在全面建设社会主义现代化国家新征程上，我们要更加重视法治、厉行法治，更好发挥法治固根本、稳预期、利长远的保障作用，坚持依法应对重大挑战、抵御重大风险、克服重大阻力、解决重大矛盾②。

2012年11月8日，党的十八大指出，更加注重发挥法治在国家治理和社会管理中的重要作用，维护国家法制统一、尊严、权威，保证人民依法享有广泛权利和自由③。

2012年12月31日，中共中央、国务院发布《中共中央　国务院关于加快发展现代农业　进一步增强农村发展活力的若干意见》，要求"必须健全农村集体经济组织资金资产资源管理制度，依法保障农民的土地承包经营权、宅基地使用权、集体收益分配权"④。这是党的十八大以来党中央和国务院发出的第一份重大文件，其中所蕴含的浓郁的法治思维和法治方式色彩，说明新一代中央领导集体对依法治国的贯彻和落实已体现在国家和社会治理的具体工作领域之中。

2013年11月12日，党的十八届三中全会通过《中共中央关于全面深化改革若干重大问题的决定》，提出了"坚持依法治理，加强法治保障，运用法

---

① 习近平：《谱写新时代中国宪法实践新篇章——纪念现行宪法公布施行40周年》，《人民日报》2022年12月20日第1版。

② 习近平：《坚定不移走中国特色社会主义法治道路　为全面建设社会主义现代化国家提供有力法治保障》，《求是》2021年第5期，http://www.qstheory.cn/dukan/qs/2021-02/28/c_1127146541.htm。

③ 中共中央文献研究室：《十八大以来重要文献选编》（上），中央文献出版社，2014，第20页。

④ 中共中央文献研究室：《十八大以来重要文献选编》（上），中央文献出版社，2014，第102页。

治思维和法治方式化解社会矛盾"①的要求。同日，习近平总书记在党的十八届三中全会第二次全体会议上发表重要讲话。他指出："推进国家治理体系和治理能力现代化，就是要适应时代变化，既改革不适应实践发展要求的体制机制、法律法规，又不断构建新的体制机制、法律法规，使各方面制度更加科学、更加完善，实现党、国家、社会各项事务治理制度化、规范化、程序化。要更加注重治理能力建设，增强按制度办事、依法办事意识，善于运用制度和法律治理国家，把各方面制度优势转化为管理国家的效能，提高党科学执政、民主执政、依法执政水平。"②

2014年2月17日，习近平总书记在省部级主要领导干部学习贯彻十八届三中全会精神全面深化改革专题研讨班上发表重要讲话。他指出："必须适应国家现代化总进程，提高党科学执政、民主执政、依法执政水平，提高国家机构履职能力，提高人民群众依法管理国家事务、经济社会文化事务、自身事务的能力，实现党、国家、社会各项事务治理制度化、规范化、程序化。"③

2014年10月20日，习近平总书记在党的十八届四中全会上就《中共中央关于全面推进依法治国若干重大问题的决定》作了说明。他指出，"法律是治国之重器，法治是国家治理体系和治理能力的重要依托。全面推进依法治国，是解决党和国家事业发展面临的一系列重大问题，解放和增强社会活力、促进社会公平正义、维护社会和谐稳定、确保党和国家长治久安的根本要求。要推动我国经济社会持续健康发展，不断开拓中国特色社会主义事业更加广阔的发展前景，就必须全面推进社会主义法治国家建设，从法治上为解决这些问题提供制度化方案"。"建设中国特色社会主义法治体系、建设社会主义法治国家是实现国家治理体系和治理能力现代化的必然要求，也是全面深化改革的必然要求，有利于在法治轨道上推进国家治理体系和治理能力现代化，有利于在全面深化改革总体框架内全面推进依法治国各项工作，有利

---

① 中共中央文献研究室：《十八大以来重要文献选编》（上），中央文献出版社，2014，第539页。

② 习近平：《习近平谈治国理政》，外文出版社，2014，第92页。

③ 习近平：《习近平谈治国理政》，外文出版社，2014，第104页。

于在法治轨道上不断深化改革"①。他还强调，"全面推进依法治国是一个系统工程，是国家治理领域一场广泛而深刻的革命"②。

2017年7月26日，习近平总书记在省部级主要领导干部"学习习近平总书记重要讲话精神，迎接党的十九大"专题研讨班开班式上发表了重要讲话。他指出，党的十八大以来的五年，"我们坚定不移全面推进依法治国，显著增强了我们党运用法律手段领导和治理国家的能力"③。

2017年9月19日，习近平总书记在会见全国社会治安综合治理表彰大会代表时发表重要讲话。他要求"着力推进社会治理系统化、科学化、智能化、法治化，深化对社会运行规律和治理规律的认识，善于运用先进的理念、科学的态度、专业的方法、精细的标准提升社会治理效能，增强社会治理整体性和协同性，提高预测预警预防各类风险能力，增强社会治理预见性、精准性、高效性，同时要树立法治思维、发挥德治作用，更好引领和规范社会生活，努力实现法安天下、德润人心"④。

2017年10月18日，习近平在中国共产党第十九次全国代表大会上作了《决胜全面建成小康社会 夺取新时代中国特色社会主义伟大胜利》的报告。报告在确定"两个一百年"奋斗目标的基础上，提出了2020年到本世纪中叶两个阶段的安排，第一个阶段即2020年到2035年，在全面建成小康社会的基础上，再奋斗十五年，基本实现社会主义现代化，到那时，人民平等参与、平等发展权利得到充分保障，法治国家、法治政府、法治社会基本建成，各方面制度更加完善，国家治理体系和治理能力现代化基本实现。第二个阶段即2035年到本世纪中叶，在基本实现现代化的基础上，再奋斗十五年，把我国建成富强民主文明和谐美丽的社会主义现代化强国。到那时，实现国家治理体系和治理能力现代化⑤。

2018年5月18日，习近平总书记在全国生态环境保护大会上发表重要讲

① 中共中央文献研究室：《十八大以来重要文献选编》（中），中央文献出版社，2016，第141、148页。

② 中共中央文献研究室：《十八大以来重要文献选编》（中），中央文献出版社，2016，第154页。

③ 习近平：《习近平谈治国理政》第二卷，外文出版社，2017，第60页。

④ 习近平：《习近平谈治国理政》第二卷，外文出版社，2017，第386页。

⑤ 习近平：《习近平谈治国理政》第三卷，外文出版社，2020，第22-23页。

话，他要求"用最严格制度最严密法治保护生态环境。保护生态环境必须依靠制度、依靠法治"，"奉法者强则国强，奉法者弱则国弱。令在必信，法在必行。制度的生命在于执行，关键在真抓，靠的是严管"①。

2019年11月29日，中共中央政治局就我国应急管理体系和能力建设进行第十九次集体学习，习近平总书记在主持学习时发表了讲话。他指出，要坚持依法管理，运用法治思维和法治方式提高应急管理的法治化、规范化水平，系统梳理和修订应急管理相关法律法规，抓紧研究制定应急管理、自然灾害防治、应急救援组织、国家消防救援人员、危险化学品安全等方面的法律法规，加强安全生产监管执法工作②。

2020年3月1日，《求是》发表习近平总书记重要文章《全面提高依法防控依法治理能力 健全国家公共卫生应急管理体系》。他指出，"实践告诉我们，疫情防控越是到最吃劲的时候，越要坚持依法防控，在法治轨道上统筹推进各项防控工作，全面提高依法防控、依法治理能力，保障疫情防控工作顺利开展，维护社会大局稳定"，"各级党委和政府要全面依法履行职责，坚持运用法治思维和法治方式开展疫情防控工作"③。

2020年6月2日，习近平总书记在专家学者座谈会上发表讲话。他提出了"完善公共卫生法律法规"的工作要求，并指出"要普及公共卫生安全和疫情防控法律法规，推动全社会依法行动、依法行事"④。

2021年1月11日，习近平在省部级主要领导干部学习贯彻党的十九届五中全会精神专题研讨班开班式上发表重要讲话。他强调，"要加强党对社会主义现代化建设的全面领导。贯彻落实党的十九届五中全会精神要同贯彻落实党的十九届四中全会精神紧密结合起来，不断推进国家治理体系和治理能力现代化，推动党对社会主义现代化建设的领导在职能配置上更加科学合理、

---

① 习近平：《习近平谈治国理政》第三卷，外文出版社，2020，第363—364页。
② 习近平：《充分发挥我国应急管理体系特色和优势 积极推进我国应急管理体系和能力现代化》，《人民日报》2019年12月1日第1版。
③ 习近平：《全面提高依法防控依法治理能力 健全国家公共卫生应急管理体系》，《求是》2020年第5期，http://www.qstheory.cn/dukan/qs/2020-02/29/c_1125641632.htm。
④ 习近平：《构建起强大的公共卫生体系 为维护人民健康提供有力保障》，《求是》2020年第18期，http://www.qstheory.cn/dukan/qs/2020-09/15/c_1126493739.htm。

在体制机制上更加完备完善、在运行管理上更加高效"①。

2021年2月28日,《求是》发表习近平总书记重要文章《坚定不移走中国特色社会主义法治道路　为全面建设社会主义现代化国家提供有力法治保障》。他强调,要"坚持在法治轨道上推进国家治理体系和治理能力现代化。法治是国家治理体系和治理能力的重要依托。只有全面依法治国才能有效保障国家治理体系的系统性、规范性、协调性,才能最大限度凝聚社会共识"②。

2022年2月28日,《求是》发表习近平总书记重要文章《在中央人大工作会议上的讲话》,他指出"必须坚持推进国家治理体系和治理能力现代化。人民代表大会制度是中国特色社会主义制度的重要组成部分,也是国家治理体系的重要组成部分。要坚持和完善人民当家作主制度体系,不断推进社会主义民主政治制度化、规范化、程序化,更好把制度优势转化为治理效能"③。

2023年6月1日,《求是》发表习近平总书记重要文章《中国式现代化是中国共产党领导的社会主义现代化》,他指出,"我们党坚持和完善中国特色社会主义制度,不断推进国家治理体系和治理能力现代化,形成包括中国特色社会主义根本制度、基本制度、重要制度等在内的一整套制度体系,为中国式现代化稳步前行提供坚强制度保证"④。

六、坚持建设中国特色社会主义法治体系

习近平法治思想认为,中国特色社会主义法治体系是推进全面依法治国的总抓手。要加快形成完备的法律规范体系、高效的法治实施体系、严

---

① 习近平:《深入学习坚决贯彻党的十九届五中全会精神　确保全面建设社会主义现代化国家开好局》,《人民日报》2021年1月12日第1版。

② 习近平:《坚定不移走中国特色社会主义法治道路　为全面建设社会主义现代化国家提供有力法治保障》,《求是》2021年第5期,http://www.qstheory.cn/dukan/qs/2021-02/28/c_1127146541.htm。

③ 习近平:《在中央人大工作会议上的讲话》,《求是》2022年第5期,http://www.qstheory.cn/dukan/qs/2022-02/28/c_1128420137.htm。

④ 习近平:《中国式现代化是中国共产党领导的社会主义现代化》,《求是》2023年第11期,http://www.qstheory.cn/dukan/qs/2023-05/31/c_1129655710.htm。

密的法治监督体系、有力的法治保障体系，形成完善的党内法规体系。要坚持依法治国和以德治国相结合，实现法治和德治相辅相成、相得益彰。要积极推进国家安全、科技创新、公共卫生、生物安全、生态文明、防范风险、涉外法治等重要领域立法，健全国家治理急需的法律制度、满足人民日益增长的美好生活需要必备的法律制度①，以良法善治来保障新业态新模式健康成长。

2013年3月8日，吴邦国在第十二届全国人民代表大会第一次会议上做常务委员会工作报告，认为过去五年社会主义民主法制建设取得重大进展，如"如期形成并不断完善中国特色社会主义法律体系"，"中国特色社会主义法律体系，以宪法和法律的形式确立了国家发展中带有根本性、全局性、稳定性和长期性的一系列重要制度，是中国特色社会主义永葆本色的法制根基、创新实践的法制体现、兴旺发达的法制保障"②。

2013年11月4日，刘云山在省部级干部学习贯彻习近平总书记系列重要讲话精神研讨班开班式上发表讲话。他要求深入学习习近平总书记关于社会主义民主政治和依法治国的重要论述，坚持走中国特色社会主义政治发展道路，并指出习近平总书记强调"要坚持依法治国和以德治国相结合，把法治建设与道德建设紧密结合起来，把他律和自律紧密结合起来，做到法治和德治相辅相成、相互促进"③。

2013年12月11日，中共中央办公厅印发了《关于培育和践行社会主义核心价值观的意见》，要求把培育和践行社会主义核心价值观落实到社会治理中，并指出"法律法规是推广社会主流价值的重要保证。要把社会主义核心价值观贯彻到依法治国、依法执政、依法行政实践中，落实到立法、执法、司法、普法和依法治理各个方面，用法律的权威来增强人们培育和践行社会主义核心价值观的自觉性。厉行法治，严格执法，公正司法，捍卫宪法和法

① 习近平：《坚定不移走中国特色社会主义法治道路 为全面建设社会主义现代化国家提供有力法治保障》，《求是》2021年第5期，http://www.qstheory.cn/dukan/qs/2021-02/28/c_1127146541.htm。

② 中共中央文献研究室：《十八大以来重要文献选编》（上），中央文献出版社，2014，第195页。

③ 中共中央文献研究室：《十八大以来重要文献选编》（上），中央文献出版社，2014，第464页。

律的尊严，维护社会公平正义。加强法制宣传教育，培育社会主义法治文化，弘扬社会主义法治精神，增强全社会学法尊法守法用法意识。注重把社会主义核心价值观相关要求上升为具体法律规定，充分发挥法律的规范、引导、保障、促进作用，形成有利于培育和践行社会主义核心价值观的良好法治环境"①。

2014年1月7日，习近平总书记在中央政法工作会议上发表了《严格执法 公正司法》的讲话。他提出，"我们要坚持以德治国和依法治国相结合。法律规范人们的行为，可以强制性地惩罚违法行为，但不能代替解决人们思想道德的问题。我们历来就有德刑相辅、儒法并用的思想。法是他律，德是自律，需要二者并用。如果人人都能自觉进行道德约束，违法的事情就会大大减少，遵守法律也就会有更深厚的基础"②。

2014年10月20日，习近平总书记在党的十八届四中全会上就《中共中央关于全面推进依法治国若干重大问题的决定》作了说明。他指出："全面推进依法治国涉及很多方面，在实际工作中必须有一个总揽全局、牵引各方的总抓手，这个总抓手就是建设中国特色社会主义法治体系。依法治国各项工作都要围绕这个总抓手来谋划、来推进。"③

2014年10月23日，习近平总书记在党的十八届四中全会第二次全体会议上发表重要讲话。他指出："必须坚持依法治国和以德治国相结合。法律是成文的道德，道德是内心的法律，法律和道德都具有规范社会行为、维护社会秩序的作用。治理国家、治理社会必须一手抓法治、一手抓德治，既重视发挥法律的规范作用，又重视发挥道德的教化作用，实现法律和道德相辅相成、法治和德治相得益彰。""发挥好法律的规范作用，必须以法治体现道德理念、强化法律对道德建设的促进作用。一方面，道德是法律的基础，只有那些合乎道德、具有深厚道德基础的法律才能为更多人所自觉遵行。另一方

---

① 中共中央文献研究室：《十八大以来重要文献选编》（上），中央文献出版社，2014，第581-582页。

② 中共中央文献研究室：《十八大以来重要文献选编》（上），中央文献出版社，2014，第722页。

③ 中共中央文献研究室：《十八大以来重要文献选编》（中），中央文献出版社，2016，第147-148页。

面，法律是道德的保障，可以通过强制性规范人们的行为、惩罚违法行为来引领道德风尚。要注意把一些基本道德规范转化为法律规范，使法律法规更多体现道德理念和人文关怀，通过法律的强制力来强化道德作用、确保道德底线，推动全社会道德素质提升。""发挥好道德的教化作用，必须以道德滋养法治精神、强化道德对法治文化的支撑作用。再多再好的法律，必须转化为人们内心自觉才能真正为人们所遵行。'不知耻者，无所不为。'没有道德滋养，法治文化就缺乏源头活水，法律实施就缺乏坚实社会基础。在推进依法治国过程中，必须大力弘扬社会主义核心价值观，弘扬中华传统美德，培育社会公德、职业道德、家庭美德、个人品德，提高全民族思想道德水平，为依法治国创造良好人文环境。"①

2016年12月9日，习近平总书记在主持中共十八届中央政治局第三十七次集体学习时发表重要讲话。他指出："法律是准绳，任何时候都必须遵循；道德是基石，任何时候都不可忽视。在新的历史条件下，我们要把依法治国基本方略、依法执政基本方式落实好，把法治中国建设好，必须坚持依法治国和以德治国相结合，使法治和德治在国家治理中相互补充、相互促进、相得益彰，推进国家治理体系和治理能力现代化。""法律是成文的道德，道德是内心的法律。法律和道德都具有规范社会行为、调节社会关系、维护社会秩序的作用，在国家治理中都有其地位和功能。法安天下，德润人心。法律有效实施有赖于道德支持，道德践行也离不开法律约束。法治和德治不可分离、不可偏废，国家治理需要法律和道德协同发力。""改革开放以来，我们深刻总结我国社会主义法治建设的成功经验和深刻教训，把依法治国确定为党领导人民治理国家的基本方略，把依法执政确定为党治国理政的基本方式，走出了一条中国特色社会主义法治道路。这条道路的一个鲜明特点，就是坚持依法治国和以德治国相结合，强调法治和德治两手抓、两手都要硬。这既是历史经验的总结，也是对治国理政规律的深刻把握。"他还要求，"要强化道德对法治的支撑作用"，"要把道德要求贯彻到法治建设中"，"要运用法治手段解决道德领域突出问题"，"要提高全民法治意识和道德自觉"，"要发挥领导干部在依法治国和以德治国中的关键作用"②。

---

① 习近平：《习近平谈治国理政》第二卷，外文出版社，2017，第116-117页。
② 习近平：《习近平谈治国理政》第二卷，外文出版社，2017，第133-135页。

2017年11月17日，王沪宁同志在全国精神文明建设工作表彰大会上发表讲话。他指出，自党的十八大以来，习近平总书记就加强精神文明建设提出了一系列新思想新观点新要求，如"在法治保障上，习近平总书记强调要注意把一些基本道德规范转化为法律规范，使法律法规更多体现道德理念和人文关怀，通过法律的强制力来强化道德作用、确保道德底线，推动全社会道德素质提升"①。他还提出，抓好社会主义精神文明建设，必须坚持把握的原则之一是"坚持依法治国和以德治国相结合。要善于运用法治思维和法治方式推进精神文明建设，着力提高全民族法治素养和道德素质，实现法律和道德相辅相成、法治和德治相得益彰"②。他在谈及培育和践行社会主义核心价值观应强化制度保障时指出："政策法律对培育和践行社会主义核心价值观有着重要的支撑保障作用。要始终坚持正确的政策导向，使经济、政治、文化、社会、生态文明建设各方面措施都有利于弘扬社会主义核心价值观。要把社会主义核心价值观融入法治国家、法治政府、法治社会建设全过程，融入科学立法、严格执法、公正司法、全民守法各环节，发挥法律法规对维护良好社会秩序、树立文明社会风尚、培育和谐人际关系的保障作用。要发挥法治在解决道德领域突出问题中的作用，依法惩处严重突破道德底线的失德失信行为和社会丑恶现象，避免极端个别事件对社会公序良俗带来冲击。要把社会主义核心价值观体现到市民公约、乡规民约、学生守则、行业规范、团体章程和各行各业的规章规范中，使规范社会治理的过程成为传导正确价值取向的过程。"③

2018年8月24日，习近平总书记在中央全面依法治国委员会第一次会议上发表讲话。他指出："中国特色社会主义法治体系是中国特色社会主义制度的法律表现形式。必须抓住建设中国特色社会主义法治体系这个总抓手，努力形成完备的法律规范体系、高效的法治实施体系、严密的法治监督体系、

---

① 中共中央党史和文献研究院：《十九大以来重要文献选编》（上），中央文献出版社，2019，第90页。

② 中共中央党史和文献研究院：《十九大以来重要文献选编》（上），中央文献出版社，2019，第93页。

③ 中共中央党史和文献研究院：《十九大以来重要文献选编》（上），中央文献出版社，2019，第98页。

有力的法治保障体系，形成完善的党内法规体系，不断开创全面依法治国新局面。"①

2020年5月29日，习近平总书记在十九届中央政治局第二十次集体学习时发表讲话。他指出："民法典在中国特色社会主义法律体系中具有重要地位，是一部固根本、稳预期、利长远的基础性法律，对推进全面依法治国、加快建设社会主义法治国家，对发展社会主义市场经济、巩固社会主义基本经济制度，对坚持以人民为中心的发展思想、依法维护人民权益、推动我国人权事业发展，对推进国家治理体系和治理能力现代化，都具有重大意义。"②

2020年7月21日，习近平总书记在企业家座谈会上发表重要讲话。他指出，要"打造市场化、法治化、国际化营商环境"，并认为"法治意识、契约精神、守约观念是现代经济活动的重要意识规范，也是信用经济、法治经济的重要要求"③。

2021年2月28日，《求是》杂志发表习近平总书记重要文章《坚定不移走中国特色社会主义法治道路 为全面建设社会主义现代化国家提供有力法治保障》。他强调，"推进全面依法治国，要全面贯彻落实党的十九大和十九届二中、三中、四中、五中全会精神，围绕建设中国特色社会主义法治体系、建设社会主义法治国家的总目标，坚持党的领导、人民当家作主、依法治国有机统一，以解决法治领域突出问题为着力点，坚定不移走中国特色社会主义法治道路，在法治轨道上推进国家治理体系和治理能力现代化，为全面建设社会主义现代化国家、实现中华民族伟大复兴的中国梦提供有力法治保障"。我们党历来重视法治建设。党的十八大以来，我国社会主义法治建设发生历史性变革、取得历史性成就，党对全面依法治国的领导更加坚强有力，全面依法治国总体格局基本形成，全面依法治国实践取得重大进展④。

---

① 习近平：《习近平谈治国理政》第三卷，外文出版社，2020，第285页。

② 习近平：《充分认识颁布实施民法典重大意义 依法更好保障人民合法权益》，《求是》2020年第12期，http://www.qstheory.cn/dukan/qs/2020-06/15/c_1126112148.htm。

③ 习近平：《在企业家座谈会上的讲话》，《人民日报》2020年7月22日第1版。

④ 习近平：《坚定不移走中国特色社会主义法治道路 为全面建设社会主义现代化国家提供有力法治保障》，《求是》2021年第5期，http://www.qstheory.cn/dukan/qs/2021-02/28/c_1127146541.htm。

2021年12月6日，习近平在中共中央政治局第三十五次集体学习时发表讲话《坚定不移走中国特色社会主义法治道路 更好推进中国特色社会主义法治体系建设》。他强调，"要坚定不移走中国特色社会主义法治道路，以解决法治领域突出问题为着力点，更好推进中国特色社会主义法治体系建设，提高全面依法治国能力和水平，为全面建设社会主义现代化国家、实现第二个百年奋斗目标提供有力法治保障"。"建设中国特色社会主义法治体系，要顺应事业发展需要，坚持系统观念，全面加以推进"。"要坚持法治体系建设正确方向，坚持党的领导，坚持中国特色社会主义制度，贯彻中国特色社会主义法治理论"[①]。

2022年2月28日，《求是》发表了习近平总书记《在中央人大工作会议上的讲话》。他指出，"坚持走中国特色社会主义法治道路，建设中国特色社会主义法治体系，建设社会主义法治国家，弘扬社会主义法治精神，依照宪法法律推进国家各项事业和各项工作，维护社会公平正义，尊重和保障人权，实现国家各项工作法治化"[②]。

2022年10月16日，习近平在中国共产党第二十次全国代表大会上做重要报告。他指出，"我们要坚持走中国特色社会主义法治道路，建设中国特色社会主义法治体系、建设社会主义法治国家，围绕保障和促进社会公平正义，坚持依法治国、依法执政、依法行政共同推进，坚持法治国家、法治政府、法治社会一体建设，全面推进科学立法、严格执法、公正司法、全民守法，全面推进国家各方面工作法治化"[③]。

七、坚持依法治国、依法执政、依法行政共同推进，法治国家、法治政府、法治社会一体建设

习近平法治思想认为，全面依法治国是一个系统工程，要整体谋划，更

[①] 习近平：《坚定不移走中国特色社会主义法治道路 更好推进中国特色社会主义法治体系建设》，《人民日报》2021年12月8日第1版。

[②] 习近平：《在中央人大工作会议上的讲话》，《求是》2022年第5期，http://www.qstheory.cn/dukan/qs/2022-02/28/c_1128420137.htm。

[③] 习近平：《高举中国特色社会主义伟大旗帜 为全面建设社会主义现代化国家而团结奋斗——在中国共产党第二十次全国代表大会上的报告》，《人民日报》2022年10月26日第1版。

加注重系统性、整体性、协同性。法治政府建设是重点任务和主体工程，要率先突破，用法治给行政权力定规矩、划界限，规范行政决策程序，加快转变政府职能。要推进严格规范公正文明执法，提高司法公信力。普法工作要在针对性和实效性上下功夫，特别是要加强青少年法治教育，不断提升全体公民法治意识和法治素养。要完善预防性法律制度，坚持和发展新时代"枫桥经验"，促进社会和谐稳定①。

2013年2月23日，习近平总书记在主持十八届中央政治局第四次集体学习时发表重要讲话。他在讲话中指出，"全面建成小康社会对依法治国提出了更高要求。我们要全面贯彻落实党的十八大精神，以邓小平理论、'三个代表'重要思想、科学发展观为指导"，"坚持依法治国、依法执政、依法行政共同推进，坚持法治国家、法治政府、法治社会一体建设，不断开创依法治国新局面"②。

2013年3月5日，温家宝在第十二届全国人民代表大会第一次会议上做政府工作报告，认为过去五年"我们始终把实行科学民主决策、坚持依法行政、推进政务公开、健全监督制度、加强廉政建设作为政府工作的基本准则。在规范行政权力运行，建设服务政府、责任政府、法治政府和廉洁政府方面，采取了一系列新举措，迈出了新步伐"③。

2013年3月14日，第十二届全国人民代表大会第一次会议通过了《第十二届全国人民代表大会第一次会议关于国务院机构改革和职能转变方案的决定》，要求加强基础性制度建设，推进国务院组织机构、职能配置、运行方式法治化；要求加强依法行政，加快法治政府建设，并提出："宪法和法律是政府工作的根本准则。国务院和国务院各部门都要带头维护宪法法律权威，发挥法律的引导和推动作用，用法治思维和法治方式深化改革、推动发展、化解矛盾、维护稳定。以政府带头守法、严格执法，引导、教育、督促公民、

① 习近平：《坚定不移走中国特色社会主义法治道路　为全面建设社会主义现代化国家提供有力法治保障》，《求是》2021年第5期，http://www.qstheory.cn/dukan/qs/2021-02/28/c_1127146541.htm。

② 习近平：《习近平谈治国理政》，外文出版社，2014，第144页。

③ 中共中央文献研究室：《十八大以来重要文献选编》（上），中央文献出版社，2014，第178页。

法人和其他组织依法经营依法办事。"①

2013年11月4日，刘云山在省部级干部学习贯彻习近平总书记系列重要讲话精神研讨班开班式上发表讲话。他要求深入学习习近平总书记关于社会主义民主政治和依法治国的重要论述，坚持走中国特色社会主义政治发展道路，并指出"习近平同志强调……坚持依法治国、依法执政、依法行政共同推进，坚持法治国家、法治政府、法治社会一体建设；要切实保障公民享有权利和履行义务，依法公正对待人民群众的诉求，努力让人民群众在每一个司法案件中都能感受到公平正义"②。

2013年11月12日，党的十八届三中全会通过了《中共中央关于全面深化改革若干重大问题的决定》，要求推进法治中国建设，认为建设法治中国，必须坚持依法治国、依法执政、依法行政共同推进，坚持法治国家、法治政府、法治社会一体建设③。

2015年2月2日，习近平总书记在省部级主要领导干部学习贯彻党的十八届四中全会精神全面推进依法治国专题研讨班上发表讲话。他指出，"全面深化改革、全面依法治国、全面从严治党是三大战略举措，对实现全面建成小康社会战略目标一个都不能缺"，"不全面依法治国，国家生活和社会生活就不能有序运行，就难以实现社会和谐稳定"，"从这个战略布局看，做好全面依法治国各项工作意义十分重大。没有全面依法治国，我们就治不好国、理不好政，我们的战略布局就会落空。要把全面依法治国放在'四个全面'的战略布局中把握，深刻认识全面依法治国同其他三个'全面'的关系，努力做到'四个全面'相辅相成、相互促进、相得益彰"④。

2015年7月9日，习近平总书记在金砖国家领导人第七次会晤上发表重要讲话。他指出："我们将坚持依法治国、依法执政、依法行政共同推进，坚

---

① 中共中央文献研究室：《十八大以来重要文献选编》（上），中央文献出版社，2014，第231-232页。

② 中共中央文献研究室：《十八大以来重要文献选编》（上），中央文献出版社，2014，第464页。

③ 中共中央文献研究室：《十八大以来重要文献选编》（上），中央文献出版社，2014，第529页。

④ 中共中央文献研究室：《十八大以来重要文献选编》（中），中央文献出版社，2016，第248-249页。

持法治国家、法治政府、法治社会一体建设，实现科学立法、严格执法、公正司法、全民守法。"①

2016年1月29日，习近平总书记在主持十八届中央政治局第三十次集体学习时发表重要讲话。他强调："一定要紧紧扭住全面建成小康社会这个战略目标不动摇，紧紧扭住全面深化改革、全面依法治国、全面从严治党三个战略举措不放松，努力做到'四个全面'相辅相成、相互促进、相得益彰。"②

2017年3月5日，李克强同志在十二届全国人大五次会议上做政府工作报告，指出："坚持依法全面履职。各级政府及其工作人员要深入贯彻全面依法治国要求，严格遵守宪法，尊崇法治、敬畏法律、依法行政，建设法治政府。"③

2017年10月18日，习近平在中国共产党第十九次全国代表大会上作了《决胜全面建成小康社会　夺取新时代中国特色社会主义伟大胜利》的报告。报告提出，"成立中央全面依法治国领导小组，加强对法治中国建设的统一领导"，"建设法治政府，推进依法行政，严格规范公正文明执法"④。

2018年2月28日，党的十九届三中全会通过了《中共中央关于深化党和国家机构改革的决定》。决定指出，深化党和国家机构改革，要遵循坚持全面依法治国的原则，"依法治国是党领导人民治理国家的基本方式。必须坚持改革和法治相统一、相促进，坚持依法治国、依法执政、依法行政共同推进，坚持法治国家、法治政府、法治社会一体建设，依法依规完善党和国家机构职能，依法履行职责，依法管理机构和编制，既发挥法治规范和保障改革的作用……又通过改革加强法治工作，做到在改革中完善和强化法治"⑤。

2018年8月24日，习近平总书记在中央全面依法治国委员会第一次会议上发表讲话。他指出："全面依法治国是一个系统工程，必须统筹兼顾、把握重点、整体规划，更加注重系统性、整体性、协同性。依法治国、依法执政、

---

① 习近平：《习近平谈治国理政》第二卷，外文出版社，2017，第26页。

② 习近平：《习近平谈治国理政》第二卷，外文出版社，2017，第28页。

③ 中共中央党史和文献研究院：《十八大以来重要文献选编》（下），中央文献出版社，2018，第645页。

④ 习近平：《习近平谈治国理政》第三卷，外文出版社，2020，第30页。

⑤ 中共中央党史和文献研究院：《十九大以来重要文献选编》（上），中央文献出版社，2019，第258页。

依法行政是一个有机整体，关键在于党要坚持依法执政、各级政府要坚持依法行政。法治国家、法治政府、法治社会三者各有侧重、相辅相成，法治国家是法治建设的目标，法治政府是建设法治国家的主体，法治社会是构筑法治国家的基础。要善于运用制度和法律治理国家，提高党科学执政、民主执政、依法执政水平。"①

2019 年 1 月 31 日，党中央作出《中共中央关于加强党的政治建设的意见》，提出要改进党的领导方式，"要坚持依法执政这一基本领导方式，注重运用法治思维和法治方式治国理政，善于使党的主张通过法定程序成为国家意志、转化为法律法规，自觉把党的领导活动纳入制度轨道"②。

2019 年 12 月 1 日，《求是》发表习近平总书记重要文章《坚持、完善和发展中国特色社会主义国家制度与法律制度》。文章指出："坚持依法治国，坚持法治国家、法治政府、法治社会一体建设，为解放和增强社会活力、促进社会公平正义、维护社会和谐稳定、确保党和国家长治久安发挥了重要作用。"③

2021 年 2 月 28 日，《求是》杂志发表习近平总书记重要文章《坚定不移走中国特色社会主义法治道路　为全面建设社会主义现代化国家提供有力法治保障》。他在文章中指出，"坚持依法治国、依法执政、依法行政共同推进，法治国家、法治政府、法治社会一体建设。全面依法治国是一个系统工程，要整体谋划，更加注重系统性、整体性、协同性。依法治国、依法执政、依法行政是一个有机整体，关键在于党要坚持依法执政、各级政府要坚持依法行政。法治国家、法治政府、法治社会相辅相成，法治国家是法治建设的目标，法治政府是建设法治国家的重点，法治社会是构筑法治国家的基础"④。

2021 年 12 月 6 日，习近平在中共中央政治局第三十五次集体学习时发表

---

① 习近平：《习近平谈治国理政》第三卷，外文出版社，2020，第285页。

② 中共中央党史和文献研究院：《十九大以来重要文献选编》（上），中央文献出版社，2019，第799页。

③ 习近平：《坚持、完善和发展中国特色社会主义国家制度与法律制度》，《求是》2019年第23期，http://www.qstheory.cn/dukan/qs/2019-11/30/c_1125288601.htm。

④ 习近平：《坚定不移走中国特色社会主义法治道路　为全面建设社会主义现代化国家提供有力法治保障》，《求是》2021年第5期，http://www.qstheory.cn/dukan/qs/2021-02/28/c_1127146541.htm。

讲话《坚定不移走中国特色社会主义法治道路 更好推进中国特色社会主义法治体系建设》。他强调，"我们抓住法治体系建设这个总抓手，坚持党的领导、人民当家作主、依法治国有机统一，坚持依法治国、依法执政、依法行政共同推进，坚持法治国家、法治政府、法治社会一体建设，全面深化法治领域改革"①。

2022年10月16日，习近平在中国共产党第二十次全国代表大会上做重要报告。他指出，首先要"完善以宪法为核心的中国特色社会主义法律体系。坚持依法治国首先要坚持依宪治国，坚持依法执政首先要坚持依宪执政，坚持宪法确定的中国共产党领导地位不动摇，坚持宪法确定的人民民主专政的国体和人民代表大会制度的政体不动摇"。其次要"坚持走中国特色社会主义法治道路，建设中国特色社会主义法治体系、建设社会主义法治国家，围绕保障和促进社会公平正义，坚持依法治国、依法执政、依法行政共同推进，坚持法治国家、法治政府、法治社会一体建设，全面推进科学立法、严格执法、公正司法、全民守法，全面推进国家各方面工作法治化"②。

八、坚持全面推进科学立法、严格执法、公正司法、全民守法

习近平法治思想认为，要继续推进法治领域改革，解决好立法、执法、司法、守法等领域的突出矛盾和问题。公平正义是司法的灵魂和生命。要深化司法责任制综合配套改革，加强司法制约监督，健全社会公平正义法治保障制度，努力让人民群众在每一个司法案件中感受到公平正义。要加快构建规范高效的制约监督体系。要推动扫黑除恶常态化，坚决打击黑恶势力及其保护伞，让城乡更安宁、群众更安乐③。

2012年11月8日，党的十八大指出，在新的历史条件下夺取中国特色社会主义的新胜利，必须牢牢把握一系列基本要求，必须坚持维护社会公平正

① 习近平：《坚定不移走中国特色社会主义法治道路 更好推进中国特色社会主义法治体系建设》，《人民日报》2021年12月8日第1版。

② 习近平：《高举中国特色社会主义伟大旗帜 为全面建设社会主义现代化国家而团结奋斗——在中国共产党第二十次全国代表大会上的报告》，《人民日报》2022年10月26日第1版。

③ 习近平：《坚定不移走中国特色社会主义法治道路 为全面建设社会主义现代化国家提供有力法治保障》，《求是》2021年第5期，http://www.qstheory.cn/dukan/qs/2021-02/28/c_1127146541.htm。

义，"要在全体人民共同奋斗、经济社会发展的基础上，加紧建设对保障社会公平正义具有重大作用的制度，逐步建立以权利公平、机会公平、规则公平为主要内容的社会公平保障体系，努力营造公平的社会环境，保证人民平等参与、平等发展权利"①；"法治是治国理政的基本方式。要推进科学立法、严格执法、公正司法、全民守法，坚持法律面前人人平等，保证有法必依、执法必严、违法必究。完善中国特色社会主义法律体系，加强重点领域立法，拓展人民有序参与立法途径。推进依法行政，切实做到严格规范公正文明执法。进一步深化司法体制改革，坚持和完善中国特色社会主义司法制度，确保审判机关、检察机关依法独立公正行使审判权、检察权。深入开展法制宣传教育，弘扬社会主义法治精神，树立社会主义法治理念，增强全社会学法尊法守法用法意识"②。

2013年2月23日，习近平总书记在主持十八届中央政治局第四次集体学习时发表重要讲话。他在讲话中指出："全面建成小康社会对依法治国提出了更高要求。我们要全面贯彻落实党的十八大精神，以邓小平理论、'三个代表'重要思想、科学发展观为指导，全面推进科学立法、严格执法、公正司法、全民守法……""我国形成了以宪法为统帅的中国特色社会主义法律体系，我们国家和社会生活各方面总体上实现了有法可依，这是我们取得的重大成就。实践是法律的基础，法律要随着实践发展而发展。要完善立法规划，突出立法重点，坚持立改废并举，提高立法科学化、民主化水平，提高法律的针对性、及时性、系统性。""要加强宪法和法律实施，维护社会主义法制的统一、尊严、权威，形成人们不愿违法、不能违法、不敢违法的法治环境，做到有法必依、执法必严、违法必究。""我们提出要努力让人民群众在每一个司法案件中都感受到公平正义，所有司法机关都要紧紧围绕这个目标来改进工作，重点解决影响司法公正和制约司法能力的深层次问题。""任何组织或者个人都必须在宪法和法律范围内活动，任何公民、社会组织和国家机关都要以宪法和法律为行为准则，依照宪法和法律行使权利或权力、履

---

① 中共中央文献研究室：《十八大以来重要文献选编》（上），中央文献出版社，2014，第11-12页。

② 中共中央文献研究室：《十八大以来重要文献选编》（上），中央文献出版社，2014，第21-22页。

行义务或职责。要深入开展法制宣传教育，在全社会弘扬社会主义法治精神，引导全体人民遵守法律、有问题依靠法律来解决，形成守法光荣的良好氛围。要坚持法制教育与法治实践相结合，广泛开展依法治理活动，提高社会管理法治化水平。要坚持依法治国和以德治国相结合，把法治建设和道德建设紧密结合起来，把他律和自律紧密结合起来，做到法治和德治相辅相成、相互促进。"①

2013年11月4日，刘云山在省部级干部学习贯彻习近平总书记系列重要讲话精神研讨班开班式上发表讲话。他要求深入学习习近平总书记关于社会主义民主政治和依法治国的重要论述，坚持走中国特色社会主义政治发展道路，并指出"习近平同志强调……要全面推进科学立法、严格执法、公正司法、全民守法"②。

2013年11月9日，习近平总书记在党的十八届三中全会上作了关于《中共中央关于全面深化改革若干重大问题的决定》的说明。他在说明"关于改革司法体制和运行机制"时指出，"司法体制是政治体制的重要组成部分。这些年来，群众对司法不公的意见比较集中，司法公信力不足很大程度上与司法体制和工作机制不合理有关。司法改革是这次全面深化改革的重点之一"，并强调"这些改革举措，对确保司法机关依法独立行使审判权和检察权、健全权责明晰的司法权力运行机制、提高司法透明度和公信力、更好保障人权都具有重要意义"③。

2013年11月12日，党的十八届三中全会通过了《中共中央关于全面深化改革若干重大问题的决定》，认为"深化司法体制改革，加快建设公正高效权威的社会主义司法制度，维护人民权益，让人民群众在每一个司法案件中都感受公平正义"④。

2014年1月7日，习近平总书记在中央政法工作会议上发表了《严格执

① 习近平：《习近平谈治国理政》，外文出版社，2014，第144-146页。
② 中共中央文献研究室：《十八大以来重要文献选编》（上），中央文献出版社，2014，第464页。
③ 中共中央文献研究室：《十八大以来重要文献选编》（上），中央文献出版社，2014，第504-505页。
④ 中共中央文献研究室：《十八大以来重要文献选编》（上），中央文献出版社，2014，第529页。

法 公正司法》的讲话。他提出，"我们的工作重点应该是保证法律实施，做到有法必依、执法必严、违法必究。有了法律而不能有效实施，那再多法律也是一纸空文，依法治国就会成为一句空话"。他认为，要做到严格执法、公正司法，一是要信仰法治、坚守法治；二是要靠制度来保障，让执法司法权在制度的笼子里运行；三是要着力解决领导机关和领导干部违法违规干预问题。此外，"法律要发挥作用，需要全社会信仰法律"①。

2015年3月24日，习近平总书记在主持十八届中央政治局第二十一次集体学习时发表重要讲话。他指出，"深化司法体制改革，建设公正高效权威的社会主义司法制度，是推进国家治理体系和治理能力现代化的重要举措"。"司法制度是上层建筑的重要组成部分，我们推进司法体制改革，是社会主义司法制度自我完善和发展，走的是中国特色社会主义法治道路。党的领导是社会主义法治的根本保证，坚持党的领导是我国社会主义司法制度的根本特征和政治优势。深化司法体制改革，完善司法管理体制和司法权力运行机制，必须在党的统一领导下进行，坚持和完善我国社会主义司法制度。要把党总揽全局、协调各方，同审判机关和检察机关依法履行职能、开展工作统一起来"。"司法体制改革必须为了人民、依靠人民、造福人民"②。

2016年3月9日，张德江在十二届全国人大四次会议上做常务委员会工作报告时指出："常委会坚持在法治下推动改革、在改革中完善法治，通过立法、监督等工作，保证重大改革举措于法有据、顺利实施。"③

2017年10月18日，习近平在中国共产党第十九次全国代表大会上作了《决胜全面建成小康社会 夺取新时代中国特色社会主义伟大胜利》的报告。报告提出，"全面依法治国是国家治理的一场深刻革命，必须坚持厉行法治，推进科学立法、严格执法、公正司法、全民守法"，"推进科学立法、民主立法、依法立法，以良法促进发展、保障善治"，"深化司法体制综合配套改革，全面落实司法责任制，努力让人民群众在每一个司法案件中感受到公平

① 中共中央文献研究室：《十八大以来重要文献选编》（上），中央文献出版社，2014，第717、719-722页。

② 习近平：《习近平谈治国理政》第二卷，外文出版社，2017，第130-131页。

③ 中共中央党史和文献研究院：《十八大以来重要文献选编》（下），中央文献出版社，2018，第290页。

正义"，"加大全民普法力度，建设社会主义法治文化，树立宪法法律至上、法律面前人人平等的法治理念"①。

2018年8月24日，习近平总书记在中央全面依法治国委员会第一次会议上发表讲话。他指出："解决好立法、执法、司法、守法等领域的突出矛盾和问题，必须坚定不移推进法治领域改革。要紧紧抓住全面依法治国的关键环节，完善立法体制，提高立法质量。要推进严格执法，理顺执法体制，完善行政执法程序，全面落实行政执法责任制。要支持司法机关依法独立行使职权，健全司法权力分工负责、相互配合、相互制约的制度安排。要加大全民普法力度，培育全社会办事依法、遇事找法、解决问题用法、化解矛盾靠法的法治环境。"②

2019年9月16日，《求是》杂志刊载了习近平总书记的重要讲话《在庆祝全国人民代表大会成立六十周年大会上的讲话》。讲话中指出："我们要全面落实依法治国基本方略，坚持法律面前人人平等，加快建设社会主义法治国家，不断推进科学立法、严格执法、公正司法、全民守法进程。要深入推进依法行政，加快建设法治政府。各级行政机关必须依法履行职责，坚持法定职责必须为、法无授权不可为，决不允许任何组织或者个人有超越法律的特权。要深入推进公正司法，深化司法体制改革，加快建设公正高效权威的司法制度，完善人权司法保障制度，严肃惩治司法腐败，让人民群众在每一个司法案件中都感受到公平正义。"③

2021年2月28日，《求是》杂志发表习近平总书记重要文章《坚定不移走中国特色社会主义法治道路 为全面建设社会主义现代化国家提供有力法治保障》。他强调，要"坚持全面推进科学立法、严格执法、公正司法、全民守法。要继续推进法治领域改革，解决好立法、执法、司法、守法等领域的突出矛盾和问题"④。

---

① 习近平：《习近平谈治国理政》第三卷，外文出版社，2020，第30页。

② 习近平：《习近平谈治国理政》第三卷，外文出版社，2020，第286页。

③ 习近平：《在庆祝全国人民代表大会成立六十周年大会上的讲话》，《求是》2019年第18期，http://www.qstheory.cn/dukan/qs/2019-09/15/c_1124994844.htm。

④ 习近平：《坚定不移走中国特色社会主义法治道路 为全面建设社会主义现代化国家提供有力法治保障》，《求是》2021年第5期，http://www.qstheory.cn/dukan/qs/2021-02/28/c_1127146541.htm。

2022年10月16日，习近平在中国共产党第二十次全国代表大会上做重要报告。他着重强调了要严格公正司法。"公正司法是维护社会公平正义的最后一道防线。深化司法体制综合配套改革，全面准确落实司法责任制，加快建设公正高效权威的社会主义司法制度，努力让人民群众在每一个司法案件中感受到公平正义。规范司法权力运行，健全公安机关、检察机关、审判机关、司法行政机关各司其职、相互配合、相互制约的体制机制。强化对司法活动的制约监督，促进司法公正。加强检察机关法律监督工作。完善公益诉讼制度。""加快建设法治社会。法治社会是构筑法治国家的基础。弘扬社会主义法治精神，传承中华优秀传统法律文化，引导全体人民做社会主义法治的忠实崇尚者、自觉遵守者、坚定捍卫者。建设覆盖城乡的现代公共法律服务体系，深入开展法治宣传教育，增强全民法治观念。推进多层次多领域依法治理，提升社会治理法治化水平。发挥领导干部示范带头作用，努力使尊法学法守法用法在全社会蔚然成风。"①

九、坚持统筹推进国内法治和涉外法治

习近平法治思想认为，要加快涉外法治工作战略布局，协调推进国内治理和国际治理，更好维护国家主权、安全、发展利益。要强化法治思维，运用法治方式，有效应对挑战、防范风险，综合利用立法、执法、司法等手段开展斗争，坚决维护国家主权、尊严和核心利益。要推动全球治理变革，推动构建人类命运共同体②。

2014年10月12日，中共中央、国务院作出关于加强和改进新形势下民族工作的意见，要求提高依法管理民族事务的能力③。

2015年11月30日，习近平主席在气候变化巴黎大会开幕式上发表了重要讲话。他倡导："我们应该创造一个奉行法治、公平正义的未来。要提高国

---

① 习近平：《高举中国特色社会主义伟大旗帜 为全面建设社会主义现代化国家而团结奋斗——在中国共产党第二十次全国代表大会上的报告》，《人民日报》2022年10月26日第1版。

② 习近平：《坚定不移走中国特色社会主义法治道路 为全面建设社会主义现代化国家提供有力法治保障》，《求是》2021年第5期，http://www.qstheory.cn/dukan/qs/2021-02/28/c_1127146541.htm。

③ 中共中央文献研究室：《十八大以来重要文献选编》（中），中央文献出版社，2016，第113页。

际法在全球治理中的地位和作用，确保国际规则有效遵守和实施，坚持民主、平等、正义，建设国际法治。发达国家和发展中国家的历史责任、发展阶段、应对能力都不同，共同但有区别的责任原则不仅没有过时，而且应该得到遵守。"①

2019年9月27日，习近平总书记在全国民族团结进步表彰大会上发表重要讲话，要求"依法治理民族事务，确保各族公民在法律面前人人平等。要全面贯彻落实民族区域自治法，健全民族工作法律法规体系，依法保障各民族合法权益。要坚持一视同仁、一断于法，依法妥善处理涉民族因素的案事件，保证各族公民平等享有权利、平等履行义务，确保民族事务治理在法治轨道上运行。对各种渗透颠覆破坏活动、暴力恐怖活动、民族分裂活动、宗教极端活动，要严密防范、坚决打击"②。

2019年12月20日，习近平主席在庆祝澳门回归祖国20周年大会暨澳门特别行政区第五届政府就职典礼上指出，"澳门回归祖国20年来，以宪法和澳门基本法为基础的宪制秩序牢固确立，治理体系日益完善。澳门特别行政区坚决维护中央全面管治权，正确行使高度自治权。顺利完成基本法第23条和国歌法等本地立法，成立特别行政区维护国家安全委员会，维护国家主权、安全、发展利益的宪制责任有效落实。行政、立法、司法机关严格依法履行职责，正确处理相互关系，自觉维护行政长官权威，确保以行政长官为核心的行政主导体制顺畅运行。特别行政区民主政制有序发展，澳门居民依法享有的广泛权利和自由得到充分保障"③。

2021年9月22日，习近平主席在第七十六届联合国大会一般性辩论上发表重要讲话，指出"要致力于稳定国际秩序，提升广大发展中国家在国际事务中的代表性和发言权，在推动国际关系民主化和法治化方面走在前列"④。

2022年10月16日，党的二十大报告指出："中国积极参与全球治理体系

---

① 习近平：《习近平谈治国理政》第二卷，外文出版社，2017，第529页。
② 习近平：《习近平谈治国理政》第三卷，外文出版社，2020，第301页。
③ 习近平：《在庆祝澳门回归祖国20周年大会暨澳门特别行政区第五届政府就职典礼上的讲话》，《人民日报》2019年12月20日第1版。
④ 《习近平出席第七十六届联合国大会一般性辩论并发表重要讲话》，《人民日报》2021年9月22日第1版。

改革和建设，践行共商共建共享的全球治理观，坚持真正的多边主义，推进国际关系民主化，推动全球治理朝着更加公正合理的方向发展。坚定维护以联合国为核心的国际体系、以国际法为基础的国际秩序、以联合国宪章宗旨和原则为基础的国际关系基本准则，反对一切形式的单边主义，反对搞针对特定国家的阵营化和排他性小圈子。推动世界贸易组织、亚太经合组织等多边机制更好发挥作用，扩大金砖国家、上海合作组织等合作机制影响力，增强新兴市场国家和发展中国家在全球事务中的代表性和发言权。中国坚持积极参与全球安全规则制定，加强国际安全合作，积极参与联合国维和行动，为维护世界和平和地区稳定发挥建设性作用。"①

十、坚持建设德才兼备的高素质法治工作队伍

习近平法治思想认为，要加强理想信念教育，深入开展社会主义核心价值观和社会主义法治理念教育，推进法治专门队伍革命化、正规化、专业化、职业化，确保做到忠于党、忠于国家、忠于人民、忠于法律。要教育引导法律服务工作者坚持正确政治方向，依法依规诚信执业，认真履行社会责任②。

2018年8月24日，习近平总书记在中央全面依法治国委员会第一次会议上发表讲话。他指出："全面推进依法治国，必须着力建设一支忠于党、忠于国家、忠于人民、忠于法律的社会主义法治工作队伍。要加强理想信念教育，深入开展社会主义核心价值观和社会主义法治理念教育，推进法治专门队伍正规化、专业化、职业化，提高职业素养和专业水平。要坚持立德树人、德法兼修，创新法治人才培养机制，努力培养造就一大批高素质法治人才及后备力量。"③

2019年1月15日，习近平总书记在中央政法工作会议上发表重要讲话。

---

① 习近平：《高举中国特色社会主义伟大旗帜 为全面建设社会主义现代化国家而团结奋斗——在中国共产党第二十次全国代表大会上的报告》，《人民日报》2022年10月26日第1版。

② 习近平：《坚定不移走中国特色社会主义法治道路 为全面建设社会主义现代化国家提供有力法治保障》，《求是》2021年第5期，http://www.qstheory.cn/dukan/qs/2021-02/28/c_1127146541.htm。

③ 习近平：《习近平谈治国理政》第三卷，外文出版社，2020，第286页。

他指出:"要坚持以新时代中国特色社会主义思想为指导,坚持党对政法工作的绝对领导,坚持以人民为中心的发展思想,加快推进社会治理现代化,加快推进政法领域全面深化改革,加快推进政法队伍革命化、正规化、专业化、职业化建设,忠诚履职尽责,勇于担当作为,锐意改革创新,履行好维护国家政治安全、确保社会大局稳定、促进社会公平正义、保障人民安居乐业的职责任务,不断谱写政法事业发展新篇章。"①

2020年1月17日,习近平总书记就政法工作作出重要指示,强调各级党委要肩负起促一方发展、保一方平安的政治责任,支持政法各单位依法履行职责,选好配强政法机关领导班子,研究解决制约政法工作的体制性机制性政策性问题,深入开展政法队伍教育整顿,努力建设一支党和人民信得过、靠得住、能放心的政法队伍。2020年1月17日,中央政法工作会议在北京召开。会议强调,坚持党对政法工作的绝对领导,坚持以人民为中心的发展思想,坚持稳中求进工作总基调,紧紧围绕全面建成小康社会目标任务,牢牢把握坚持和完善中国特色社会主义政法工作体系总要求,发扬斗争精神,把维护国家政治安全放在第一位②。

2021年12月6日,习近平总书记在中共中央政治局第三十五次集体学习时强调,我们要"着力建设一支忠于党、忠于国家、忠于人民、忠于法律的社会主义法治工作队伍。要深化政法队伍教育整顿,继续依法打击执法司法领域腐败,推动扫黑除恶常态化"③。

十一、坚持抓住领导干部这个"关键少数"

习近平法治思想认为,各级领导干部要坚决贯彻落实党中央关于全面依法治国的重大决策部署,带头尊崇法治、敬畏法律,了解法律、掌握法律,不断提高运用法治思维和法治方式深化改革、推动发展、化解矛盾、维护稳定、应对风险的能力,做尊法学法守法用法的模范。要力戒形式主义、官僚

---

① 习近平:《习近平谈治国理政》第三卷,外文出版社,2020,第352页。
② 《习近平对政法工作作出重要指示强调　着力提高政法工作现代化水平　建设更高水平的平安中国法治中国》,http://www.xinhuanet.com/politics/leaders/2020-01/17/c_1125475038.htm。
③ 习近平:《坚定不移走中国特色社会主义法治道路　更好推进中国特色社会主义法治体系建设》,《人民日报》2021年12月8日第1版。

主义，确保全面依法治国各项任务真正落到实处①。

2012年11月8日，党的十八大指出提高领导干部运用法治思维和法治方式深化改革、推动发展、化解矛盾、维护稳定能力②。

2012年11月14日，党的十八大通过了《中共中央纪律检查委员会向党的第十八次全国代表大会的工作报告》。报告指出，五年来，"深化制度建设和改革创新，提高防治腐败工作水平。加强反腐败国家立法，出台刑法修正案（七）和修正案（八），修改刑事诉讼法、行政监察法等法律，制定或修订《关于实行党风廉政建设责任制的规定》等党内法规，反腐倡廉法规制度体系基本形成"。在报告"进一步加强党风廉政建设和反腐败工作的建议"时，要求"深化体制机制改革和制度创新，进一步拓宽从源头上防治腐败工作领域"，并指出"制度更带有根本性、全局性、稳定性和长期性。要坚持把从严治党和依法治国结合起来，加强反腐败国家立法，健全反腐败法律制度"，"不断完善内容科学、程序严密、配套完备、有效管用的反腐倡廉制度体系"③。

2013年11月4日，刘云山在省部级干部学习贯彻习近平总书记系列重要讲话精神研讨班开班式上发表讲话。他要求深入学习习近平总书记关于社会主义民主政治和依法治国的重要论述，坚持走中国特色社会主义政治发展道路，并指出"习近平同志还强调……领导干部要自觉运用法治思维和法治方式，更好地深化改革、推动发展、化解矛盾、维护稳定"④。

2014年10月23日，习近平总书记在党的十八届四中全会第二次全体会议上发表重要讲话。他指出："必须坚持法律面前人人平等。平等是社会主义法律的基本属性，是社会主义法治的基本要求。坚持法律面前人人平等，必

---

① 习近平：《坚定不移走中国特色社会主义法治道路　为全面建设社会主义现代化国家提供有力法治保障》，《求是》2021年第5期，http://www.qstheory.cn/dukan/qs/2021-02/28/c_1127146541.htm。

② 中共中央文献研究室：《十八大以来重要文献选编》（上），中央文献出版社，2014，第22页。

③ 中共中央文献研究室：《十八大以来重要文献选编》（上），中央文献出版社，2014，第53、64页。

④ 中共中央文献研究室：《十八大以来重要文献选编》（上），中央文献出版社，2014，第463-464页。

须体现在立法、执法、司法、守法各个方面。任何组织和个人都必须尊重宪法法律权威，都必须在宪法法律范围内活动，都必须依照宪法法律行使权力或权利、履行职责或义务，都不得有超越宪法法律的特权。任何人违反宪法法律都要受到追究，绝不允许任何人以任何借口任何形式以言代法、以权压法、徇私枉法。"各级领导干部在推进依法治国方面肩负着重要责任。现在，一些党员、干部仍然存在人治思想和长官意识，认为依法办事条条框框多、束缚手脚，凡事都要自己说了算，根本不知道有法律存在，大搞以言代法、以权压法。这种现象不改变，依法治国就难以真正落实。必须抓住领导干部这个'关键少数'，首先解决好思想观念问题，引导各级干部深刻认识到，维护宪法法律权威就是维护党和人民共同意志的权威，捍卫宪法法律尊严就是捍卫党和人民共同意志的尊严，保证宪法法律实施就是保证党和人民意志的实现。""我们必须认认真真讲法治、老老实实抓法治。各级领导干部要对法律怀有敬畏之心，带头依法办事，带头遵守法律，不断提高运用法治思维和法治方式深化改革、推动发展、化解矛盾、维护稳定能力。如果在抓法治建设上喊口号、练虚功、摆花架，只是叶公好龙，并不真抓实干，短时间内可能看不出什么大的危害，一旦问题到了积重难返的地步，后果就是灾难性的。对各级领导干部，不管什么人，不管涉及谁，只要违反法律就要依法追究责任，绝不允许出现执法和司法的'空挡'。要把法治建设成效作为衡量各级领导班子和领导干部工作实绩重要内容，把能不能遵守法律、依法办事作为考察干部重要依据"①。

2015年2月2日，习近平总书记在省部级主要领导干部学习贯彻党的十八届四中全会精神全面推进依法治国专题研讨班上发表讲话。他提出："各级领导干部在推进依法治国方面肩负着重要责任，全面依法治国必须抓住领导干部这个'关键少数'。领导干部要做尊法学法守法用法的模范，带动全党全国一起努力，在建设中国特色社会主义法治体系、建设社会主义法治国家上不断见到新成效。"②

2016年10月27日，中国共产党第十八届中央委员会第六次全体会议通过了《关于新形势下党内政治生活的若干准则》，规定"党的各级组织和领导

---

① 习近平：《习近平谈治国理政》第二卷，外文出版社，2017，第115-116页。

② 习近平：《习近平谈治国理政》第二卷，外文出版社，2017，第126页。

干部必须在宪法法律范围内活动，增强法治意识、弘扬法治精神，自觉按法定权限、规则、程序办事，决不能以言代法、以权压法、徇私枉法，决不能违规干预司法"①。

2018年8月24日，习近平总书记在中央全面依法治国委员会第一次会议上发表讲话。他指出："领导干部具体行使党的执政权和国家立法权、行政权、监察权、司法权，是全面依法治国的关键。领导干部必须带头尊崇法治、敬畏法律，了解法律、掌握法律，遵纪守法、捍卫法治，厉行法治、依法办事，不断提高运用法治思维和法治方式深化改革、推动发展、化解矛盾、维护稳定的能力，做尊法学法守法用法的模范，以实际行动带动全社会尊法学法守法用法。"②

2019年1月21日，习近平总书记在省部级主要领导干部坚持底线思维，着力防范化解重大风险专题研讨班开班式上发表重要讲话，他要求"领导干部要加强理论修养，深入学习马克思主义基本理论，学懂弄通做实新时代中国特色社会主义思想，掌握贯穿其中的辩证唯物主义的世界观和方法论，提高战略思维、历史思维、辩证思维、创新思维、法治思维、底线思维能力，善于从纷繁复杂的矛盾中把握规律，不断积累经验、增长才干"③。

2020年2月5日，习近平总书记在中央全面依法治国委员会第三次会议上发表重要讲话。他指出，"各级领导干部必须强化法治意识，带头尊法学法守法用法，做制度执行的表率"④。

2021年12月6日，习近平总书记在中共中央政治局第三十五次集体学习时强调："各级党委要担负好主体责任，聚焦重大部署、重要任务、重点工作，加强组织领导，主动担当作为，力戒形式主义、官僚主义。各条战线各个部门要齐抓共管、压实责任、形成合力，提高工作法治化水平。"⑤

2022年10月12日，习近平总书记在党的十九届七中全会第二次全体会

---

① 中共中央党史和文献研究院：《十八大以来重要文献选编》（下），中央文献出版社，2018，第436页。

② 习近平：《习近平谈治国理政》第三卷，外文出版社，2020，第287页。

③ 习近平：《习近平谈治国理政》第三卷，外文出版社，2020，第223页。

④ 中共中央文献研究室：《论坚持全面依法治国》，中央文献出版社，2020，第276页。

⑤ 习近平：《坚定不移走中国特色社会主义法治道路 更好推进中国特色社会主义法治体系建设》，《人民日报》2021年12月8日第1版。

议上发表重要讲话。他指出："我们的党员、干部，不论在职还是从工作岗位上退下来了，无论在什么时候、什么地方、什么场合，都要始终牢记自己是一名共产党员，都要始终发挥先锋模范作用，都要始终坚持和维护党的领导、维护党的团结统一。"①

2022年10月16日，党的二十大报告指出："坚持以严的基调强化正风肃纪。党风问题关系执政党的生死存亡。弘扬党的光荣传统和优良作风，促进党员干部特别是领导干部带头深入调查研究，扑下身子干实事、谋实招、求实效。锲而不舍落实中央八项规定精神，抓住'关键少数'以上率下，持续深化纠治'四风'，重点纠治形式主义、官僚主义，坚决破除特权思想和特权行为。把握作风建设地区性、行业性、阶段性特点，抓住普遍发生、反复出现的问题深化整治，推进作风建设常态化长效化。全面加强党的纪律建设，督促领导干部特别是高级干部严于律己、严负其责、严管所辖，对违反党纪的问题，发现一起坚决查处一起。坚持党性党风党纪一起抓，从思想上固本培元，提高党性觉悟，增强拒腐防变能力，涵养富贵不能淫、贫贱不能移、威武不能屈的浩然正气。"②

第二节　习近平法治思想对中国特色社会主义 法治理论的创新和发展

习近平法治思想之所以能够表现出内涵丰富、论述深刻、逻辑严密、系统完备的理论特征，并成为全面依法治国的根本遵循和行动指南，一个很重要的原因便是它从历史和现实相贯通、国际和国内相关联、理论和实际相结合上，通过深刻回答新时代为什么实行全面依法治国、怎样实行全面依法治国等一系列重大问题，不断创新并发展了中国特色社会主义法治理论，进一步推进了马克思主义法治理论的中国化。

① 习近平：《在党的十九届七中全会第二次全体会议上的讲话》，《求是》2022年第23期，http://www.qstheory.cn/dukan/qs/2022-11/30/c_1129172677.htm。

② 习近平：《高举中国特色社会主义伟大旗帜　为全面建设社会主义现代化国家而团结奋斗——在中国共产党第二十次全国代表大会上的报告》，《人民日报》2022年10月26日第1版。

一、坚持党对全面依法治国的领导

党与法治的关系问题，是社会主义法治的核心问题，也是贯穿中国特色社会主义法治理论始终的重大课题。党的十一届三中全会之后，邓小平民主法制思想就已经注意到党对法制建设的领导问题。1979年10月，邓小平强调要在四项基本原则的指引下加强社会主义法制①。1982年9月，党的十二大提出要加强党对政法工作的领导②。1986年7月，党中央发出《中共中央关于全党必须坚决维护社会主义法制的通知》，要求各级党委要加强对司法工作的领导③。党的十三届四中全会之后，实行依法治国基本方略、建设社会主义法治国家的思想侧重强调依法治国应在党的领导下进行。1997年9月，党的十五大将依法治国确定为党领导人民治理国家的基本方略，并强调依法治国从制度上和法律上"保证党始终发挥总揽全局、协调各方的领导核心作用"④。党的十六大之后，实行依法执政基本方式、建设社会主义法治国家的思想注重依法治国对党的执政地位的保证和党对依法治国的政治保证。2004年9月，胡锦涛提出"依法治国不仅从制度上法律上保证人民当家作主，而且也从制度上法律上保证党的执政地位"⑤。2006年3月，胡锦涛又强调"党的领导是社会主义法治的政治保证"⑥。

党的十八大以来，习近平法治思想尤为看重党对全面依法治国的领导。2012年12月，习近平强调抓好宪法实施工作，必须加强党的领导⑦。2013年2月，他又提出把党的领导贯彻到依法治国全过程⑧。2014年10月，习近平

---

① 邓小平：《邓小平文选》第二卷，人民出版社，1994，第205页。

② 中共中央文献研究室：《十二大以来重要文献选编》（上），中央文献出版社，2011，第29页。

③ 中共中央文献研究室：《十二大以来重要文献选编》（下），中央文献出版社，2011，第25页。

④ 江泽民：《江泽民文选》第二卷，人民出版社，2006，第29页。

⑤ 胡锦涛：《胡锦涛文选》第二卷，人民出版社，2016，第232页。

⑥ 胡锦涛：《胡锦涛文选》第二卷，人民出版社，2016，第429页。

⑦ 中共中央文献研究室：《十八大以来重要文献选编》（上），中央文献出版社，2014，第91页。

⑧ 习近平：《习近平谈治国理政》，外文出版社，2014，第146页。

指出"党的领导是中国特色社会主义最本质的特征，是社会主义法治最根本的保证"①，"坚持中国特色社会主义法治道路，最根本的是坚持中国共产党的领导"，"坚持党的领导，是社会主义法治的根本要求，是全面推进依法治国题中应有之义"②。2017年10月，党的十九大提出必须把党的领导贯彻落实到依法治国全过程和各方面③。2018年8月，习近平强调要以加强党的领导，确保全面依法治国的正确方向④。2020年2月，习近平指出党总揽全局、协调各方的领导地位是由宪法规定的，要推进"党的领导制度化、法治化、规范化"⑤。2020年11月，习近平就党的领导与全面依法治国之间的关系进行了科学阐释，他指出"党的领导是推进全面依法治国的根本保证"，全面依法治国是"要加强和改善党的领导"⑥。2022年11月，习近平强调"我国宪法确认了中国共产党的领导地位，这是我国宪法最显著的特征，也是我国宪法得到全面贯彻实施的根本保证"⑦。

可以看出，既往中国特色社会主义法治理论是从坚持党的领导、充分发扬人民民主和严格依法办事相统一，或从坚持党的领导、人民当家作主和依法治国相统一的角度强调党对法治工作的领导，所侧重的是三者之间的内在连接和多向互动，并在此基础之上构建起三者之间近似"平行结构"的辩证关系和逻辑联系。习近平法治思想继承了中国特色社会主义法治理论关于坚持党的领导、人民当家作主和依法治国相统一的重要论断，并同时坚持党对法治事业的领导。一方面，党的领导在全面依法治国中占据着格外突出的地

---

① 中共中央文献研究室：《十八大以来重要文献选编》（中），中央文献出版社，2016，第146页。

② 习近平：《习近平谈治国理政》第二卷，外文出版社，2017，第114页。

③ 习近平：《习近平谈治国理政》第三卷，外文出版社，2020，第18页。

④ 习近平：《习近平谈治国理政》第三卷，外文出版社，2020，第284页。

⑤ 习近平：《推进全面依法治国，发挥法治在国家治理体系和治理能力现代化中的积极作用》，《求是》2020年第22期，http://www.qstheory.cn/dukan/qs/2020-11/15/c_1126739089.htm。

⑥ 习近平：《坚定不移走中国特色社会主义法治道路 为全面建设社会主义现代化国家提供有力法治保障》，《求是》2021年第5期，http://www.qstheory.cn/dukan/qs/2021-02/28/c_1127146541.htm。

⑦ 习近平：《谱写新时代中国宪法实践新篇章——纪念现行宪法公布施行40周年》，《人民日报》2022年12月20日第1版。

位，"三角结构"的辩证关系和逻辑联系基本形成，而党的领导则作为顶角牵引着另外两角。另一方面，党的领导又作为全面依法治国的题中应有之义内化于全面依法治国之中，从而决定和确定了全面依法治国的性质、方向和前途。

二、坚持以人民为中心

人民史观是马克思主义世界观的核心要义，也是马克思主义法治理论的精髓所在，向来为中国特色社会主义法治理论一路秉持。党的十一届三中全会之后，邓小平民主法制思想基于保障人民民主的需要，从而要求加强法制。早在 1978 年 12 月，邓小平便提出"为了保障人民民主，必须加强法制"①。1987 年 10 月，党的十三大指出社会主义民主与社会主义法制不可分割②。党的十三届四中全会之后，实行依法治国基本方略、建设社会主义法治国家的思想在发展民主的观点基础上提出了"依法治国"的思想主张。1993 年 12 月，江泽民指出"没有人民民主和统一的法制就没有社会主义，就没有社会主义现代化"③。1997 年 9 月，党的十五大指出"发展民主必须同健全法制紧密结合，实行依法治国"④。1998 年 12 月 18 日，江泽民又强调"民主总是同法制结合在一起的，什么样的民主就由什么样的法制来体现和保障"⑤。党的十六大之后，实行依法执政基本方式、建设社会主义法治国家的思想注重以法治的方式实现人民的民主权利。2002 年 11 月，党的十六大指出"共产党执政就是领导和支持人民当家作主，最广泛地动员和组织人民群众依法管理国家和社会事务，管理经济和文化事业，维护和实现人民群众的根本利益"⑥。2006 年 6 月，胡锦涛强调坚持依法治国，要"以法治的理念、法治的体制、法治的程序保证党领导人民有效治理国家"⑦。

① 邓小平：《邓小平文选》第二卷，人民出版社，1994，第 146 页。
② 中共中央文献研究室：《十三大以来重要文献选编》（上），中央文献出版社，2011，第 39 页。
③ 江泽民：《江泽民文选》第一卷，人民出版社，2006，第 357 页。
④ 江泽民：《江泽民文选》第二卷，人民出版社，2006，第 28 页。
⑤ 江泽民：《江泽民文选》第二卷，人民出版社，2006，第 258 页。
⑥ 江泽民：《江泽民文选》第三卷，人民出版社，2006，第 553 页。
⑦ 胡锦涛：《胡锦涛文选》第二卷，人民出版社，2016，第 463 页。

　　党的十八大以来，习近平法治思想更加注重对人民主体地位原则的坚持。2014年10月，习近平提出全面推进依法治国、建设社会主义法治国家应当坚持人民主体地位的原则，"要充分调动人民群众投身依法治国实践的积极性和主动性，使全体人民都成为社会主义法治的忠实崇尚者、自觉遵守者、坚定捍卫者，使尊法、信法、守法、用法、护法成为全体人民的共同追求"①。2015年3月，他又强调"司法体制改革必须为了人民、依靠人民、造福人民"②。2018年8月，他再次翔实重申了坚持人民主体地位对全面推进依法治国的重要意义③。2020年2月，他强调要以人民当家作主制度体系和社会公平正义法治保障制度来保证人民在党的领导下实现全面依法治国，发挥人民的主体作用④。2020年11月，习近平再次强调人民在全面依法治国中的重要地位，并指出"推进全面依法治国，根本目的是依法保障人民权益"⑤。2021年11月，党的十九届六中全会指出"必须把体现人民利益、反映人民愿望、维护人民权益、增进人民福祉落实到全面依法治国各领域全过程"⑥。2022年2月，习近平强调要"不断提升人权法治化保障水平"⑦。

　　可以看出，既有中国特色社会主义法治理论将人民史观奉为法学世界观，偏重为保障和实现人民民主而加强和发展社会主义法治，人民主体地位原则呈现出浓郁的价值论色彩。习近平法治思想继承了中国特色社会主义法治理论关于人民主体地位原则的重要论断，并在此基础上，同时更全面地阐发了坚持人民主体地位原则的重要意义，使人民主体地位原则不仅成为其法

---

① 习近平：《习近平谈治国理政》第二卷，外文出版社，2017，第115页。

② 习近平：《习近平谈治国理政》第二卷，外文出版社，2017，第131页。

③ 习近平：《习近平谈治国理政》第三卷，外文出版社，2020，第284页。

④ 习近平：《推进全面依法治国，发挥法治在国家治理体系和治理能力现代化中的积极作用》，《求是》2020年第22期，http://www.qstheory.cn/dukan/qs/2020-11/15/c_1126739089.htm。

⑤ 习近平：《坚定不移走中国特色社会主义法治道路 为全面建设社会主义现代化国家提供有力法治保障》，《求是》2021年第5期，http://www.qstheory.cn/dukan/qs/2021-02/28/c_1127146541.htm。

⑥ 《中共中央关于党的百年奋斗重大成就和历史经验的决议》，《人民日报》2021年11月17日第1版。

⑦ 《坚定不移走中国人权发展道路 更好推动我国人权事业发展》，《人民日报》2022年2月27日第1版。

学世界观，又成为其法学方法论。换言之，在习近平法治思想中，人民的历史和社会的主体地位既是全面推进依法治国的目的所在，又是依法治国得以全面推进的方法所在，人民主体地位原则兼具价值论和本体论的双重色彩。

三、坚持中国特色社会主义法治道路

中国特色社会主义法治理论历来强调中国的法治建设应从中国实际出发，走中国特色社会主义的民主政治和法治发展道路。党的十一届三中全会之后形成的邓小平民主法制思想的核心理念之一，便是建设有中国特色的社会主义法制。党的十三届四中全会之后形成的实行依法治国基本方略、建设社会主义法治国家的思想注重法治建设对社会主义方向的坚持。1989年6月，江泽民提出"我们的民主法制建设，决不能离开社会主义的方向和轨道，决不能引进西方资产阶级那套所谓'民主'、'自由'的制度"[①]。党的十六大之后的实行依法执政基本方式、建设社会主义法治国家的思想强调法治建设应立足于中国的国情。2008年12月，胡锦涛指出，发展社会主义民主政治和建设社会主义法治，应坚持从我国国情出发[②]。

党的十八大以来，习近平法治思想创造性地提出了社会主义法治道路的理念，并以此划定法治建设的社会主义方向。2014年10月，习近平指出全面推进依法治国必须坚持从中国实际出发，坚定不移走中国特色社会主义法治道路，并指出坚持党的领导、坚持人民主体地位、坚持依法治国与以德治国相结合、坚持法律面前人人平等和从中国实际出发共同构成了中国特色社会主义法治道路"基本的东西"。他同时强调，党的领导、中国特色社会主义制度和中国特色社会主义法治理论实际上构成了中国特色社会主义法治道路的核心要义[③]。此后，凡论及法治问题或对依法治国的全面推进进行战略部署时，他无不直接或间接提及或重申坚持中国特色社会主义法治道路的重要意义。2015年2月，习近平总书记明确指出，"我们要坚持的中国特色社会主义法治道路，本质上是中国特色社会主义道路在法治领域的具体体现；我们要

[①] 江泽民：《江泽民文选》第一卷，人民出版社，2006，第62页。

[②] 胡锦涛：《胡锦涛文选》第三卷，人民出版社，2016，第162–163页。

[③] 中共中央文献研究室：《十八大以来重要文献选编》（中），中央文献出版社，2016，第141–154页。

发展的中国特色社会主义法治理论，本质上是中国特色社会主义理论体系在法治问题上的理论成果；我们要建设的中国特色社会主义法治体系，本质上是中国特色社会主义制度的法律表现形式"①。2022年10月，习近平指出，"要坚持走中国特色社会主义法治道路，建设中国特色社会主义法治体系、建设社会主义法治国家，全面推进国家各方面工作法治化，更好发挥法治固根本、稳预期、利长远的保障作用"②。

可以看出，坚持中国特色社会主义法治道路萌发于中国特色社会主义法治理论之中，但既有中国特色社会主义法治理论对法治道路的重视，更多的是强调法治建设的社会主义方向和社会主义性质，尤其表现为反对中国法治建设沿袭或抄袭西方资产阶级的法治发展模式。习近平法治思想的创新性贡献，一方面在于明确提出了法治建设应当走中国特色社会主义法治道路，另一方面更在于实现了对中国特色社会主义法治道路具体内涵和外延的界定，为全面推进依法治国提供了唯一正确的道路和清晰的方向。

四、坚持依宪治国、依宪执政

依宪治国、依宪执政是中国特色社会主义法治理论在其依法治国思想、依法执政思想和宪法思想发展到特定阶段所必然提出的重大命题。党的十一届三中全会之后的邓小平民主法制思想尤为看重宪法在法制建设中的地位和作用。1982年12月4日，五届全国人大五次会议通过宪法，我国社会主义"法制建设进入一个新的阶段"③。1986年7月，党中央发出《中共中央关于全党必须坚决维护社会主义法制的通知》，指出"新党章关于'党必须在宪法和法律的范围内活动'的规定，是一项极其重要的原则"④。党的十三届四中全会之后的实行依法治国基本方略、建设社会主义法治国家的思想注重宪法赋予党的执政权。1989年12月，江泽民指出"按照我国宪法的规定，各级

---

① 习近平：《习近平谈治国理政》第二卷，外文出版社，2017，第128页。

② 习近平：《为实现党的二十大确定的目标任务而团结奋斗》，《求是》2023年第1期，http://www.qstheory.cn/dukan/qs/2022-12/31/c_1129246574.htm。

③ 中共中央文献研究室：《十二大以来重要文献选编》（上），中央文献出版社，2011，第29页。

④ 中共中央文献研究室：《十二大以来重要文献选编》（下），中央文献出版社，2011，第24页。

政权组织，包括人大、政府和司法机关，都必须接受中国共产党的领导"①。党的十六大之后的实行依法执政基本方式、建设社会主义法治国家的思想初次提出了依宪治国和依宪执政的重大命题。2002年12月，胡锦涛提出"依法治国首先要依宪治国"②。2004年9月，他又提出"依法治国首先要依宪治国，依法执政首先要依宪执政"③。

党的十八大以来，习近平法治思想将依宪治国和依宪执政摆在更加突出的位置，并赋予其系统化的理论构造。2013年11月，刘云山指出"依法治国首先是依宪治国，依法执政关键是依宪执政"④是习近平总书记关于依法治国重要论述的内容之一。2014年9月，习近平强调"宪法是国家的根本法，坚持依法治国首先要坚持依宪治国，坚持依法执政首先要坚持依宪执政"⑤。2018年8月，习近平又指出全面依法治国的主要内容共有十个方面，其中之一就是坚持依宪治国、依宪执政⑥。2020年11月，坚持依宪治国、依宪执政作为习近平法治思想的重要内容被确定下来。2021年10月，习近平强调，"要全面贯彻实施宪法，维护宪法权威和尊严"⑦。2022年10月，习近平作出了"坚持依法治国首先要坚持依宪治国，坚持依法执政首先要坚持依宪执政，坚持宪法确定的中国共产党领导地位不动摇，坚持宪法确定的人民民主专政的国体和人民代表大会制度的政体不动摇"⑧的重要论述，在统筹依法治国与依宪治国、依法执政与依宪执政中，强调党的领导与人民当家作主。2022年12月，习近平强调宪法在治国理政中的贯彻实施，要不断提高党依宪

　①江泽民：《江泽民文选》第一卷，人民出版社，2006，第92页。

　②胡锦涛：《胡锦涛文选》第二卷，人民出版社，2016，第16页。

　③胡锦涛：《胡锦涛文选》第二卷，人民出版社，2016，第232页。

　④中共中央文献研究室：《十八大以来重要文献选编》（上），中央文献出版社，2014，第463页。

　⑤中共中央文献研究室：《十八大以来重要文献选编》（中），中央文献出版社，2016，第55页。

　⑥习近平：《习近平谈治国理政》第三卷，外文出版社，2020，第285页。

　⑦习近平：《坚持和完善人民代表大会制度　不断发展全过程人民民主》，《人民日报》2021年10月15日第1版。

　⑧习近平：《高举中国特色社会主义伟大旗帜　为全面建设社会主义现代化国家而团结奋斗——在中国共产党第二十次全国代表大会上的报告》，《人民日报》2022年10月26日第1版。

治国、依宪执政的能力①。

可以看出，在习近平法治思想中，坚持依宪治国、依宪执政被赋予更加重要的地位和意义：第一，宪法在中国特色社会主义法律体系中占据着特殊的地位，宪法的实施在中国特色社会主义法治体系建设中发挥着特殊的作用；第二，依宪治国与依法治国之间的逻辑关系更加清晰，前者是后者的前提；第三，依宪执政与依法执政之间的逻辑关系更加准确，前者是后者的关键。

五、坚持在法治轨道上推进国家治理体系和治理能力现代化

党的十一届三中全会之后，邓小平民主法制思想已开始尝试在社会治安领域按照法制建设的精神开展治理活动，如自1979年开始，党中央确定了"综合治理"的基本措施②。党的十三届四中全会之后，实行依法治国基本方略、建设社会主义法治国家的思想提出"依法治国"的命题，并将依法治国确定为党领导人民治理国家的基本方略。1997年2月，江泽民提出社会治理的好不好，同法制完备程度和人们的思想道德文化素质都有很大关系③，并同时提出"依法治国是新的历史条件下党领导人民建设和治理国家的基本方略"④。1997年9月，党的十五大正式提出依法治国是"党领导人民治理国家的基本方略"⑤。2000年1月，江泽民又将依法治理工作纳入到法制建设的范畴之中⑥，并指出"治理国家是一个复杂的系统工程，必须统筹兼顾、多管齐下"⑦，既需要法治，又需要德治。党的十六大之后，依法执政基本方式、建设社会主义法治国家的思想侧重强调党以依法执政的基

---

① 习近平：《谱写新时代中国宪法实践新篇章——纪念现行宪法公布施行40周年》，《人民日报》2022年12月20日第1版。

② 中共中央文献研究室：《三中全会以来重要文献选编》（下），中央文献出版社，2011，第392页。

③ 江泽民：《江泽民文选》第一卷，人民出版社，2006，第643页。

④ 江泽民：《江泽民文选》第一卷，人民出版社，2006，第644页。

⑤ 中共中央文献研究室：《十五大以来重要文献选编》（上），中央文献出版社，2011，第26页。

⑥ 江泽民：《江泽民文选》第二卷，人民出版社，2006，第536页。

⑦ 江泽民：《江泽民文选》第二卷，人民出版社，2006，第567页。

本方式领导人民治理国家，法治与国家治理之间的联系日益密切。2002年12月，胡锦涛提出"党通过领导人民制定宪法法律，实现了党的主张和全国人民共同意志的统一，并把它们作为国家意志确定下来，成为治理国家的根本法律依据"①。2006年6月，胡锦涛强调依法执政是以法治的理念、法治的体制、法治的程序保证党领导人民有效治理国家②。2007年10月，党的十七大提出要"提高党科学执政、民主执政、依法执政水平，保证党领导人民有效治理国家"③。2011年3月，胡锦涛指出："发展社会主义民主，健全社会主义法制，是我们党领导亿万人民当家作主、有效治理国家的伟大实践……"④

党的十八大以来，习近平法治思想主张在法治的轨道上推进国家治理体系和治理能力的现代化，法治化成为现代化的重要依托。2012年11月，党的十八大提出"要更加注重发挥法治在国家治理和社会管理中的重要作用"⑤。2013年2月，习近平总书记提出要"广泛开展依法治理活动，提高社会管理法治化水平"⑥。2013年11月，党的十八届三中全会决定"坚持依法治理，加强法治保障，运用法治思维和法治方式化解社会矛盾"⑦；同时，习近平总书记提出"要更加注重治理能力建设，增强按制度办事、依法办事意识，善于运用制度和法律治理国家"⑧。2014年2月，习近平总书记又提出了"实现党、国家、社会各项事务治理制度化、规范化、程序化"⑨的工作要求。2014年10月，党的十八届四中全会确定全面依法治国的总目标是建设中国特色社会主义法治体系、建设社会主义法治国家，"促进

---

①　胡锦涛：《胡锦涛文选》第二卷，人民出版社，2016，第17页。

②　胡锦涛：《胡锦涛文选》第二卷，人民出版社，2016，第463页。

③　胡锦涛：《胡锦涛文选》第二卷，人民出版社，2016，第635页。

④　胡锦涛：《胡锦涛文选》第三卷，人民出版社，2016，第509页。

⑤　中共中央文献研究室：《十八大以来重要文献选编》（上），中央文献出版社，2014，第20页。

⑥　习近平：《习近平谈治国理政》，外文出版社，2014，第145页。

⑦　中共中央文献研究室：《十八大以来重要文献选编》（上），中央文献出版社，2014，第539页。

⑧　习近平：《习近平谈治国理政》，外文出版社，2014，第92页。

⑨　习近平：《习近平谈治国理政》，外文出版社，2014，第104页。

国家治理体系和治理能力现代化"①；同时，习近平总书记强调"法治是国家治理体系和治理能力的重要依托"②，并指出"建设中国特色社会主义法治体系、建设社会主义法治国家是实现国家治理体系和治理能力现代化的必然要求"，"有利于在法治轨道上推进国家治理体系和治理能力现代化"。"全面推进依法治国是一个系统工程，是国家治理领域一场广泛而深刻的革命"③，必须与推进国家治理体系和治理能力现代化相适应④。2015年3月，习近平总书记指出深化司法体制改革，是推进国家治理体系和治理能力现代化的重要举措⑤。2017年7月，习近平总书记又指出党的十八大以来的五年，"我们坚定不移全面推进依法治国，显著增强了我们党运用法律手段领导和治理国家的能力"⑥。2017年9月，习近平总书记要求着力推进社会治理系统化、科学化、智能化、法治化⑦。2017年10月，党的十九大指出"全面依法治国是国家治理的一场深刻革命，必须坚持厉行法治"⑧，并提出2020年至2035年在全面建成小康社会的基础上基本实现社会主义现代化，届时国家治理体系和治理能力现代化基本实现⑨。2020年11月，中央全面依法治国工作会议将坚持在法治轨道上推进国家治理体系和治理能力现代化确定为习近平法治思想的重要组成部分。2021年1月，习近平总书记在省部级主要领导干部学习贯彻党的十九届五中全会精神专题研讨班开班式上强调，"不断推进国家治理体系和治理能力现代化，推动党对社会主义现代化建设的领导在职能配置上更加科学合理、在体制机制上更加完备完善、在

① 中共中央文献研究室：《十八大以来重要文献选编》（中），中央文献出版社，2016，第157页。

② 中共中央文献研究室：《十八大以来重要文献选编》（中），中央文献出版社，2016，第141页。

③ 中共中央文献研究室：《十八大以来重要文献选编》（中），中央文献出版社，2016，第148、154页。

④ 习近平：《习近平谈治国理政》第二卷，外文出版社，2017，第117页。

⑤ 习近平：《习近平谈治国理政》第二卷，外文出版社，2017，第130页。

⑥ 习近平：《习近平谈治国理政》第二卷，外文出版社，2017，第60页。

⑦ 习近平：《习近平谈治国理政》第二卷，外文出版社，2017，第384页。

⑧ 习近平：《习近平谈治国理政》第三卷，外文出版社，2020，第30页。

⑨ 中共中央党史和文献研究院：《十九大以来重要文献选编》（上），中央文献出版社，2019，第20页。

运行管理上更加高效"①。2021年2月，习近平总书记指出，"法治是国家治理体系和治理能力的重要依托"，要坚持"在法治轨道上推进国家治理体系和治理能力现代化"②。2023年6月，习近平总书记强调，"党坚持和完善中国特色社会主义制度，不断推进国家治理体系和治理能力现代化"，为中国式现代化稳步前行提供坚强制度保证"③。

可见，习近平法治思想在既往中国特色社会主义法治理论成果的基础上，坚持在法治轨道上实现国家治理体系和治理能力的现代化，并由此创新和发展了中国特色社会主义法治理论：第一，将全面依法治国视为实现国家治理体系和治理能力现代化所提出的必然要求，从而在逻辑上解决了二者之间的辩证关系；第二，将全面依法治国确定为实现国家治理体系和治理能力现代化的重要依托、重要内容和重要方面，从而在实践上解决了二者之间的格局安排。

六、坚持建设中国特色社会主义法治体系

党的十一届三中全会之后，邓小平民主法制思想并未提出"法制体系"的概念，但健全法制、建设"完备的法制"却是其核心理念之一，他甚至提出"成百个法律总要有的"④。1987年10月，党的十三大宣布"以宪法为基础的社会主义法律体系初步形成"⑤。党的十三届四中全会之后，实行依法治国基本方略、建设社会主义法治国家的思想着力于中国特色社会主义法律体系框架的建设。1997年9月，党的十五大提出"加强立法工作，提高立法

---

① 习近平：《深入学习坚决贯彻党的十九届五中全会精神 确保全面建设社会主义现代化国家开好局》，《人民日报》2021年1月12日第1版。

② 习近平：《坚定不移走中国特色社会主义法治道路 为全面建设社会主义现代化国家提供有力法治保障》，《求是》2021年第5期，http://www.qstheory.cn/dukan/qs/2021-02/28/c_1127146541.htm。

③ 习近平：《中国式现代化是中国共产党领导的社会主义现代化》，《求是》2023年第11期，http://www.qstheory.cn/dukan/qs/2023-05/31/c_1129655710.htm。

④ 邓小平：《邓小平文选》第二卷，人民出版社，1994，第189页。

⑤ 中共中央文献研究室：《十三大以来重要文献选编》（上），中央文献出版社，2011，第6页。

质量，到二〇一〇年形成有中国特色社会主义法律体系"①。2000年1月，江泽民指出过去十年来，社会主义法制建设取得重大进展，形成了有中国特色社会主义法律体系框架，我们政治、经济、社会生活的基本方面已经做到了有法可依②。党的十六大之后，实行依法执政基本方式、建设社会主义法治国家的思想致力于谋划中国特色社会主义法律体系的形成。2003年7月，胡锦涛提出加强立法工作，提高立法质量，该制定的制定，该修订的修订，逐步形成中国特色社会主义法律体系③。2004年9月，胡锦涛重申"要加强立法工作，到二〇一〇年形成中国特色社会主义法律体系"④。2007年10月，党的十七大宣布"中国特色社会主义法律体系基本形成"⑤。2008年2月，胡锦涛提出应逐步完善中国特色社会主义法律体系⑥。2008年12月，胡锦涛又重申，经过三十年的努力，中国特色社会主义法律体系基本形成⑦。2011年3月，胡锦涛指出中国特色社会主义法律体系经形成，国家经济建设、政治建设、文化建设、社会建设以及生态文明建设的各个方面已实现有法可依⑧。

党的十八大以来，习近平法治思想对中国特色社会主义法治体系的建设进行了顶层设计，并形成诸多重要论断。2012年11月，党的十八大提出，过去五年中"中国特色社会主义法律体系形成"⑨。2014年10月，党的十八届四中全会将建设中国特色社会主义法治体系、建设社会主义法治国家确定为全面推进依法治国的总目标，并要求形成完备的法律规范体系、高效法治实施体系、严密的法治监督体系、有力的法治保障体系，形成完善的党内法规

---

① 江泽民：《江泽民文选》第二卷，人民出版社，2006，第30页。
② 江泽民：《江泽民文选》第二卷，人民出版社，2006，第536页。
③ 胡锦涛：《胡锦涛文选》第二卷，人民出版社，2016，第73页。
④ 胡锦涛：《胡锦涛文选》第二卷，人民出版社，2016，第232页。
⑤ 胡锦涛：《胡锦涛文选》第二卷，人民出版社，2016，第614页。
⑥ 胡锦涛：《胡锦涛文选》第三卷，人民出版社，2016，第75页。
⑦ 胡锦涛：《胡锦涛文选》第三卷，人民出版社，2016，第152页。
⑧ 胡锦涛：《胡锦涛文选》第三卷，人民出版社，2016，第509-510页。
⑨ 中共中央文献研究室：《十八大以来重要文献选编》（上），中央文献出版社，2014，第3页。

体系①。2017年10月，党的十九大指出经过过去五年的努力，"中国特色社会主义法治体系日益完善"②，将建设中国特色社会主义法治体系纳入习近平新时代中国特色社会主义思想基本方略的内容之中③，并同时将"建设中国特色社会主义法治体系"作为党的十八大以来以习近平同志为核心的党中央在政治建设方面提出的新理念新思想新战略写入党章④。2018年8月，习近平总书记将坚持建设中国特色社会主义法治体系确定为全面依法治国的十个方面的重要内容之一⑤。2020年11月，中央全面依法治国工作会议将坚持建设中国特色社会主义法治体系纳入习近平法治思想之中。2021年2月，习近平强调要以建设中国特色社会主义法治体系、建设社会主义法治国家为总目标⑥。同年12月，他再次强调了中国特色社会主义法治体系建设的重要性，同时提出法治体系建设要始终保持正确方向⑦。2022年10月，习近平总书记在中国共产党第二十次全国代表大会上做重要报告时指出："我们要坚持走中国特色社会主义法治道路，建设中国特色社会主义法治体系、建设社会主义法治国家……"⑧

可见，中国特色社会主义法治体系目标的提出，是习近平法治思想创新和发展中国特色社会主义法治理论所作出的重大贡献之一：第一，习近平法

---

① 中共中央文献研究室：《十八大以来重要文献选编》（中），中央文献出版社，2016，第157页。

② 中共中央党史和文献研究院：《十九大以来重要文献选编》（上），中央文献出版社，2019，第3页。

③ 中共中央党史和文献研究院：《十九大以来重要文献选编》（上），中央文献出版社，2019，第16页。

④ 中共中央党史和文献研究院：《十九大以来重要文献选编》（上），中央文献出版社，2019，第53页。

⑤ 习近平：《习近平谈治国理政》第三卷，外文出版社，2020，第285页。

⑥ 习近平：《坚定不移走中国特色社会主义法治道路　为全面建设社会主义现代化国家提供有力法治保障》，《求是》2021年第5期，http://www.qstheory.cn/dukan/qs/2021-02/28/c_1127146541.htm。

⑦ 习近平：《坚定不移走中国特色社会主义法治道路　更好推进中国特色社会主义法治体系建设》，《人民日报》2021年12月8日第1版。

⑧ 习近平：《高举中国特色社会主义伟大旗帜　为全面建设社会主义现代化国家而团结奋斗——在中国共产党第二十次全国代表大会上的报告》，《人民日报》2022年10月26日第1版。

治思想在中国特色社会主义法律体系概念基础之上，提出了中国特色社会主义法治体系的概念，以更强的理论张力涵摄全面依法治国的更多内容和更多目标；第二，在习近平法治思想中，建设中国特色社会主义法治体系成为全面依法治国的总抓手，全面依法治国的各项工作实际上都要围绕这个总抓手来谋划和推进；第三，中国特色社会主义法治体系还内含中国特色社会主义法治建设的性质、方向和前途。中国特色社会主义法治体系本质上是中国特色社会主义制度的法律表现形式①。而中国特色社会主义制度是它的根本制度基础，中国特色社会主义法治理论是它的理论指导和学理支撑，二者再加之坚持党的领导，便规定和确保了中国特色社会主义法治体系的制度属性和前进方向。

七、坚持依法治国、依法执政、依法行政共同推进，法治国家、法治政府、法治社会一体建设

党的十一届三中全会之后，尽管邓小平民主法制思想并未明确提出依法治国、依法执政、依法行政和法治国家、法治政府、法治社会的明确概念，却蕴含着其中的相应思想萌芽。比如，为保障人民民主必须加强法制、进行普遍的宣传教育等重要论述，均以法制建设内容的形式表现出相应思想萌芽的具体形态。此外，1986年4月，六届全国人大四次会议提出"逐步使国家行政管理工作法制化"②。1987年10月，党的十三大决定加强法制建设，"形成政治、经济和社会生活的新规范"③。党的十三届四中全会之后，实行依法治国基本方略、建设社会主义法治国家的思想首先提出"依法治国"。1996年2月，江泽民提出了"依法治国"的概念，并同时提出干部依法行政是依法治国的重要环节④。1997年9月，党的十五大将依法治国确定为党领导人民治理国家的基本方略，发出建设社会主义"法治国家"的号

---

① 习近平：《习近平谈治国理政》第二卷，外文出版社，2017，第128页。

② 中共中央文献研究室：《十二大以来重要文献选编》（中），中央文献出版社，2011，第462页。

③ 中共中央文献研究室：《十三大以来重要文献选编》（上），中央文献出版社，2011，第40页。

④ 江泽民：《江泽民文选》第一卷，人民出版社，2006，第511-512页。

召，同时要求"一切政府机关都必须依法行政"①。党的十六大以后，实行依法执政基本方式、建设社会主义法治国家的思想，在提出"依法执政"之后，逐渐实现依法治国与依法执政、法治国家与法治政府的逻辑连接。2002年11月，党的十六大决定党要坚持依法执政②。2003年2月，胡锦涛提出"必须坚持依法治国、依法执政"和"推行依法行政"③。2003年7月，胡锦涛又提出"要坚持依法执政、依法行政"④。2004年9月，胡锦涛指出要全面推进依法行政，努力建设法治政府⑤。同月，胡锦涛又强调坚持依法执政，就要坚持建设社会主义法治国家⑥。

2013年2月，习近平总书记指出全面建成小康社会对依法治国提出了更高要求，我们要坚持依法治国、依法执政、依法行政共同推进，坚持法治国家、法治政府、法治社会一体建设，不断开创依法治国新局面⑦。2013年11月，刘云山将"坚持依法治国、依法执政、依法行政共同推进，坚持法治国家、法治政府、法治社会一体建设"确定为习近平总书记关于依法治国重要论述的内容之一⑧。同月，党的十八届三中全会通过了《中共中央关于全面深化改革若干重大问题的决定》，要求推进法治中国建设，并强调"建设法治中国，必须坚持依法治国、依法执政、依法行政共同推进，坚持法治国家、法治政府、法治社会一体建设"⑨。2014年10月，党的十八届四中全会通过《中共中央关于全面推进依法治国若干重大问题的决定》，将坚持依法治国、依法执政、依法行政共同推进和坚持法治国家、法治政府、法治社会一体建

① 江泽民：《江泽民文选》第二卷，人民出版社，2006，第28-31页。

② 胡锦涛：《胡锦涛文选》第二卷，人民出版社，2016，第17页。

③ 胡锦涛：《胡锦涛文选》第二卷，人民出版社，2016，第32、34页。

④ 胡锦涛：《胡锦涛文选》第二卷，人民出版社，2016，第72页。

⑤ 胡锦涛：《胡锦涛文选》第二卷，人民出版社，2016，第232页。

⑥ 胡锦涛：《胡锦涛文选》第二卷，人民出版社，2016，第244页。

⑦ 习近平：《习近平谈治国理政》，外文出版社，2014，第144页。

⑧ 中共中央文献研究室：《十八大以来重要文献选编》（上），中央文献出版社，2014，第464页。

⑨ 中共中央文献研究室：《十八大以来重要文献选编》（上），中央文献出版社，2014，第529页。

设确定为全面推进依法治国总目标的重要内容①。习近平总书记要求，要扎扎实实把十八届四中全会提出的各项任务落到实处。他强调，要"准确把握全面推进依法治国工作布局，坚持依法治国、依法执政、依法行政共同推进，坚持法治国家、法治政府、法治社会一体建设。全面推进依法治国是一项庞大的系统工程，必须统筹兼顾、把握重点、整体谋划，在共同推进上着力，在一体建设上用劲"，"能不能做到依法治国，关键在于党能不能坚持依法执政，各级政府能不能依法行政"，"法治国家、法治政府、法治社会三者各有侧重、相辅相成"②。2017年10月，党的十九大报告指出，过去五年来法治国家、法治政府、法治社会建设相互促进③。全面依法治国必须坚持依法治国、依法执政、依法行政共同推进，坚持法治国家、法治政府、法治社会一体建设④。2018年8月，习近平总书记将坚持依法治国、依法执政、依法行政共同推进，法治国家、法治政府、法治社会一体建设确定为全面依法治国的十个方面内容之一，提出要注重全面依法治国的系统性、整体性和协同性，并指出"法治国家是法治建设的目标，法治政府是建设法治国家的主体，法治社会是构筑法治国家的基础"⑤。2019年1月，《求是》发表习近平总书记《坚持、完善和发展中国特色社会主义国家制度与法律制度》一文，文章指出，坚持依法治国，坚持法治国家、法治政府、法治社会一体建设，坚持全面依法治国的优势，是中国特色社会主义国家制度和法律制度优势的重要方面之一⑥。2020年11月，中央全面依法治国工作会议将坚持依法治国、依法执政、依法行政共同推进和法治国家、法治政府、法治社会一体建设确定为习近平法治思想的十一个方面的内容之一。2021年2月，习近平总书记在《求是》杂志发表重要文章指出，全面依法治国是一个系统工程，要整体谋划，更加注重系统性、整体性、协同性，所以要

---

　　① 中共中央文献研究室：《十八大以来重要文献选编》（中），中央文献出版社，2016，第157页。

　　② 习近平：《习近平谈治国理政》第二卷，外文出版社，2017，第119-120页。

　　③ 习近平：《习近平谈治国理政》第三卷，外文出版社，2020，第4页。

　　④ 习近平：《习近平谈治国理政》第三卷，外文出版社，2020，第18页。

　　⑤ 习近平：《习近平谈治国理政》第三卷，外文出版社，2020，第285页。

　　⑥ 习近平：《坚持、完善和发展中国特色社会主义国家制度与法律制度》，《求是》2019年第23期，http://www.qstheory.cn/dukan/qs/2019-11/30/c_1125288601.htm。

坚持依法治国、依法执政、依法行政共同推进，法治国家、法治政府、法治社会一体建设①。同年11月，在中国共产党第十九届中央委员会第六次全体会议通过的《中共中央关于党的百年奋斗重大成就和历史经验的决议》中，强调了坚持依法治国、依法执政、依法行政共同推进，坚持法治国家、法治政府、法治社会一体建设对于全面依法治国的重要性②。2022年10月，习近平在中国共产党第二十次全国代表大会上做重要报告指出，要通过"完善以宪法为核心的中国特色社会主义法律体系"及"扎实推进依法行政"等手段，实现依法治国、依法执政、依法行政共同推进和法治国家、法治政府、法治社会一体建设③。

可见，与既往中国特色社会主义法治理论相比较，习近平法治思想最大的理论贡献在于：第一，科学认识了依法治国、依法执政、依法行政之间的辩证关系，认为能不能做到依法治国，关键在于党能不能坚持依法执政，各级政府能不能依法行政；第二，正确处理了法治国家、法治政府、法治社会之间的辩证关系，认为法治国家是法治建设的目标，法治政府是建设法治国家的主体，法治社会是构筑法治国家的基础；第三，合理对待依法治国、依法执政、依法行政与法治国家、法治政府、法治社会之间的辩证关系，突出法治建设的整体性、系统性和协同性；第四，统筹共同推进依法治国、依法执政、依法行政和一体建设法治国家、法治政府、法治社会的法治建设的布局，并将之纳入全面依法治国的总目标之中。

八、坚持全面推进科学立法、严格执法、公正司法、全民守法

作为全面依法治国重要方针的科学立法、严格执法、公正司法、全面守法，起源于中国特色社会主义法治理论早期创立的法制建设方针有法可依、有法必依、执法必严、违法必究，后者是党根据法治建设新形势和新任务而

---

① 习近平：《坚定不移走中国特色社会主义法治道路　为全面建设社会主义现代化国家提供有力法治保障》，《求是》2021年第5期，http://www.qstheory.cn/dukan/qs/2021-02/28/c_1127146541.htm。

② 《中共中央关于党的百年奋斗重大成就和历史经验的决议》，《人民日报》2021年11月17日第1版。

③ 习近平：《高举中国特色社会主义伟大旗帜　为全面建设社会主义现代化国家而团结奋斗——在中国共产党第二十次全国代表大会上的报告》，《人民日报》2022年10月26日第1版。

对前者的继承、创新和发展。

邓小平民主法制思想首创了有法可依、有法必依、执法必严、违法必究的法制建设方针。党的十一届三中全会即将召开时，即1978年12月，邓小平就提出要"加强检察机关和司法机关，做到有法可依，有法必依，执法必严，违法必究"①。同月，党的十一届三中全会要求社会主义法制应"做到有法可依，有法必依，执法必严，违法必究"②。1980年1月，邓小平将有法必依、执法必严、违法必究明确为法制建设的一项原则③。1986年7月，党中央发出《中共中央关于全党必须坚决维护社会主义法制的通知》，强调必须做到"有法必依，执法必严，违法必究"④。1987年10月，党的十三大决定"国家的政治生活、经济生活和社会生活的各个方面，民主和专政的各个环节，都应做到有法可依，有法必依，执法必严，违法必究"⑤。

党的十三届四中全会之后，实行依法治国基本方略、建设社会主义法治国家的思想继承邓小平民主法制思想，并在依法治国实践中不断深化对其重要性和必要性的理论认识，中国特色社会主义法律体系框架也同时形成。1991年7月，江泽民强调要进一步健全社会主义法制，"做到有法可依、有法必依、执法必严、违法必究"⑥。1997年2月，江泽民指出法制建设包括立法工作、执法工作、司法工作和法制教育工作⑦。1997年9月，党的十五大提出"坚持有法可依、有法必依、执法必严、违法必究，是党和国家事业顺利发展的必然要求"⑧。2000年1月，江泽民指出十年来"社会主义法制建设取得重大进展，形成了有中国特色社会主义法律体系框架，我国政治、经济、社会

---

① 邓小平：《邓小平文选》第二卷，人民出版社，1994，第146–147页。

② 中共中央文献研究室：《三中全会以来重要文献选编》（上），中央文献出版社，2011，第9页。

③ 邓小平：《邓小平文选》第二卷，人民出版社，1994，第254页。

④ 中共中央文献研究室：《十二大以来重要文献选编》（下），中央文献出版社，2011，第25页。

⑤ 中共中央文献研究室：《十三大以来重要文献选编》（上），中央文献出版社，2011，第40页。

⑥ 江泽民：《江泽民文选》第一卷，人民出版社，2006，第158页。

⑦ 江泽民：《江泽民文选》第一卷，人民出版社，2006，第643页。

⑧ 江泽民：《江泽民文选》第二卷，人民出版社，2006，第30页。

生活的基本方面已经做到了有法可依。执法、司法、普法和依法治理工作也深入发展"①。

党的十六大之后,实行依法执政基本方式、建设社会主义法治国家的思想面向中国特色社会主义法律体系已经形成的新的历史条件,主张全面落实依法治国基本方略,几经探索,提出了科学立法、严格执法、公正司法、全民守法的重大命题,实现了对有法可依、有法必依、执法必严、违法必究的过渡。2003年2月,胡锦涛提出:"要坚持依法治国,建设社会主义法治国家,健全社会主义法制,加强立法工作,提高立法质量,推行依法行政,维护司法公正,提高执法水平,加强法制宣传教育……"②2003年7月,胡锦涛要求必须将依法治国基本方略"贯彻到党和政府各项工作中去,真正做到有法可依、有法必依、执法必严、违法必究"③。2011年3月,胡锦涛指出:"中国特色社会主义法律体系已经形成,国家经济建设、政治建设、文化建设、社会建设以及生态文明建设的各个方面已实现有法可依。""中国特色社会主义法律体系形成后,总体上解决了有法可依问题,在这种情况下,有法必依、执法必严、违法必究的问题就显得更为突出、更加紧迫。"④2011年7月,胡锦涛提出:"要全面落实依法治国基本方略,在全社会大力弘扬社会主义法治精神,不断推进科学立法、严格执法、公正司法、全民守法进程,实行国家各项工作法治化。"⑤

党的十八大以后,习近平法治思想根据全面建设小康社会和全面建设现代化国家的战略需要,提出了全面推进科学立法、严格执法、公正司法、全民守法。2012年11月,党的十八大提出:"要推进科学立法、严格执法、公正司法、全民守法,坚持法律面前人人平等,保证有法必依、执法必严、违法必究。"⑥2013年2月,习近平总书记指出全面建成小康社会对依法治国提

---

① 江泽民:《江泽民文选》第二卷,人民出版社,2006,第536页。

② 胡锦涛:《胡锦涛文选》第二卷,人民出版社,2016,第34页。

③ 胡锦涛:《胡锦涛文选》第二卷,人民出版社,2016,第72页。

④ 胡锦涛:《胡锦涛文选》第三卷,人民出版社,2016,第509-510页。

⑤ 胡锦涛:《胡锦涛文选》第三卷,人民出版社,2016,第538页。

⑥ 中共中央文献研究室:《十八大以来重要文献选编》(上),中央文献出版社,2014,第21页。

出了更高要求，要全面推进科学立法、严格执法、公正司法、全民守法①。
2013年11月，刘云山将全面推进科学立法、严格执法、公正司法、全民守法
确定为习近平总书记关于依法治国的重要论述的内容之一②。2014年10月，
党的十八届四中全会通过《中共中央关于全面推进依法治国若干重大问题的
决定》，确定全面推进依法治国的总目标是建设中国特色社会主义法治体
系，建设社会主义法治国家。在该总目标中，要求实现科学立法、严格执
法、公正司法、全民守法，促进国家治理体系和治理能力现代化③。同日，
习近平总书记要求准确把握全面推进依法治国重点任务，着力推进科学立
法、严格执法、公正司法、全民守法④。2015年7月，习近平总书记指出：
"我们将坚持依法治国、依法执政、依法行政共同推进，坚持法治国家、法
治政府、法治社会一体建设，实现科学立法、严格执法、公正司法、全民
守法。"⑤2017年10月，党的十九大指出过去五年来，"科学立法、严格执
法、公正司法、全民守法深入推进"⑥。2018年8月，习近平总书记将"坚
持全面推进科学立法、严格执法、公正司法、全民守法"确定为全面依法
治国十项重要内容之一⑦。2020年11月，中央全面依法治国工作会议将"坚
持全面推进科学立法、严格执法、公正司法、全面守法"明确为习近平法
治思想的重要组成部分之一。2022年10月，习近平在中国共产党第二十次
全国代表大会上做重要报告，指明了要完善以宪法为核心的中国特色社会
主义法律体系、扎实推进依法行政、严格公正司法、增强全民法治观念以

①习近平：《习近平谈治国理政》，外文出版社，2014，第144页。

②中共中央文献研究室：《十八大以来重要文献选编》（上），中央文献出版社，2014，第
464页。

③中共中央文献研究室：《十八大以来重要文献选编》（中），中央文献出版社，2016，第
157页。

④中共中央文献研究室：《十八大以来重要文献选编》（中），中央文献出版社，2016，第
189页。

⑤习近平：《习近平谈治国理政》第二卷，外文出版社，2017，第26页。

⑥习近平：《习近平谈治国理政》第三卷，外文出版社，2020，第4页。

⑦习近平：《习近平谈治国理政》第三卷，外文出版社，2020，第286页。

加快建设法治社会①。

可见，习近平法治思想关于坚持全面推进科学立法、严格执法、公正司法、全民守法的重要论述，较之既往中国特色社会主义法治理论而言，其创新和发展之处在于：一方面，提出应"全面推进"科学立法、严格执法、公正司法、全民守法，进而将它们分别确定为全面依法治国的基本过程和全面环节；另一方面，习近平法治思想深化并提升了科学立法、严格执法、公正司法、全民守法在全面依法治国工作基本格局中的地位，它们成为全面依法治国的重要内容、建设方针和重点任务。

九、坚持统筹推进国内法治和涉外法治

党的十一届三中全会之后，基于改革开放的实际需要，邓小平民主法制思想开始关注涉外法治。1978年12月，邓小平提出要大力加强对国际法的研究②。党的十三届四中全会以后，实行依法治国基本方略、建设社会主义法治国家的思想强调法制建设既应借鉴西方法治优秀经验，又应保持自身社会主义方向。1989年6月，江泽民提出我国法制建设决不能引进西方资产阶级的民主自由制度③。1996年2月，江泽民强调"世界经济的实践证明，一个比较成熟的市场经济，必然要求并具有比较完备的法制"④。2000年1月，江泽民指出："治理国家是一个复杂的系统工程，必须统筹兼顾、多管齐下。西方发达国家搞的是资本主义市场经济，他们有自己的法律制度来规范市场秩序，也有一套资本主义的市场道德规范。我们发展的是社会主义市场经济，也必须形成社会主义的市场道德规范。"⑤党的十六大以后，实行依法执政基本方式、建设社会主义法治国家的思想尤为看重法治建设对国家安全的保障。2007年12月，胡锦涛要求做好政法工作，应着力保障国家安全⑥。2011年3月，胡锦涛指出"中国特色社会主义法律体系的形成，

---

① 习近平：《高举中国特色社会主义伟大旗帜 为全面建设社会主义现代化国家而团结奋斗——在中国共产党第二十次全国代表大会上的报告》，《人民日报》2022年10月26日第1版。

② 邓小平：《邓小平文选》第二卷，人民出版社，1994，第147页。

③ 江泽民：《江泽民文选》第一卷，人民出版社，2006，第62页。

④ 江泽民：《江泽民文选》第一卷，人民出版社，2006，第511页。

⑤ 江泽民：《江泽民文选》第二卷，人民出版社，2006，第567页。

⑥ 胡锦涛：《胡锦涛文选》第三卷，人民出版社，2016，第27-28页。

夯实了立国兴邦、长治久安的法制根基,从制度上法律上","确保民族独立、国家主权、领土完整,确保国家统一、社会安定和各民族大团结,确保坚持独立自主的和平外交政策、走和平发展道路,确保国家永远沿着中国特色社会主义的正确方向奋勇前进"①。

党的十八大以来,统筹推进国内法治和涉外法治开始成为习近平法治思想的一项重要内容。2015年11月,习近平总书记倡导:"我们应该创造一个奉行法治、公平正义的未来。要提高国际法在全球治理中的地位和作用,确保国际规则有效遵守和实施,坚持民主、平等、正义,建设国际法治。发达国家和发展中国家的历史责任、发展阶段、应对能力都不同,共同但有区别的责任原则不仅没有过时,而且应该得到遵守。"②2018年12月,习近平总书记强调:"时代在发展,人权在进步。中国坚持把人权的普遍性原则和当代实际相结合,走符合国情的人权发展道路,奉行以人民为中心的人权理念,把生存权、发展权作为首要的基本人权,协调增进全体人民的经济、政治、社会、文化、环境权利,努力维护社会公平正义,促进人的全面发展。"③2019年1月,政法机关应履行好维护国家政治安全、确保国家大局稳定、促进社会公平正义、保障人民安居乐业的职责任务④。2020年1月,中央政法工作会议强调政法工作应把维护国家政治安全放在第一位⑤。2020年11月,习近平总书记强调要坚持统筹国内法治与涉外法治,要"加快涉外法治工作战略布局,协调推进国内治理和国际治理,更好维护国家主权、安全、发展利益。要强化法治思维,运用法治方式,有效应对挑战、防范风险,综合利用立法、执法、司法等手段开展斗争,坚决维护国家主权、尊严和核心利益。要推动全球治理变革,推动构建人类命运共同

---

① 胡锦涛:《胡锦涛文选》第三卷,人民出版社,2016,第510页。

② 习近平:《习近平谈治国理政》第二卷,外文出版社,2017,第529页。

③ 习近平:《习近平谈治国理政》第三卷,外文出版社,2020,第288页。

④ 习近平:《习近平谈治国理政》第三卷,外文出版社,2020,第352页。

⑤ 《习近平对政法工作作出重要指示强调 着力提高政法工作现代化水平 建设更高水平的平安中国法治中国》,http://www.xinhuanet.com/politics/leaders/2020-01/17/c_1125475038.htm。

体"①。2021年7月，习近平总书记强调，"要致力于稳定国际秩序，提升广大发展中国家在国际事务中的代表性和发言权，在推动国际关系民主化和法治化方面走在前列"②。2022年10月26日，习近平总书记在讲话中指出："加强重点领域、新兴领域、涉外领域立法，统筹推进国内法治和涉外法治，以良法促进发展、保障善治。"③

可见，习近平法治思想对国内法治和涉外法治的统筹推进，开拓并深化了中国特色社会主义法治理论的国际视角和国际视野。统筹国内法治和涉外法治，表示习近平法治思想中法治思想和战略思想实现深度融合。法治思维的运用和法治方式的使用，由国内场域进入国际场域。同时，国家战略中的国内战略和国际战略，借由法治思维和法治方式获得有机统一，中国特色社会主义法治的贡献由中国走向世界。

十、坚持建设德才兼备的高素质法治工作队伍

中国特色社会主义法治理论构建法治建设工作格局时，注意到了法治工作队伍建设的重要意义。党的十一届三中全会之后，为贯彻实现有法可依、有法必依、执法必严和违法必究的法制建设方针并着力解决"无法可依"的问题，邓小平民主法制思想将立法工作队伍建设提到了历史议事日程。党的十三届四中全会之后，实行依法治国基本方略、建设社会主义法治国家的思想逐渐形成，形成过程中，司法队伍建设成为法治建设布局中的重要一环。1997年9月，党的十五大提出要加强司法队伍建设④。党的十六大之后，实行依法执政基本方式、建设社会主义法治国家的思想将法治工作队伍建设的外延由立法队伍和司法队伍扩展至"政法队伍"，并将高素质的政法队伍定义为

---

① 《在法治轨道上推进国家治理体系和治理能力现代化——论学习贯彻习近平总书记在中央全面依法治国工作会议上重要讲话》，《人民日报》2020年11月22日第1版，http://hb.people.com.cn/n2/2020/1122/c194063-34429990.html。

② 《习近平出席第七十六届联合国大会一般性辩论并发表重要讲话》，《人民日报》2021年9月22日第1版。

③ 习近平：《高举中国特色社会主义伟大旗帜 为全面建设社会主义现代化国家而团结奋斗——在中国共产党第二十次全国代表大会上的报告》，《人民日报》2022年10月26日第1版。

④ 江泽民：《江泽民文选》第二卷，人民出版社，2006，第31页。

做好政法工作的组织保证。2006年6月，胡锦涛提出要提高司法队伍素质①。2007年10月，党的十七大提出要加强政法队伍建设，做到严格、公正、文明执法②。2007年12月，胡锦涛又强调"建设高素质政法队伍，是做好政法工作的组织保证"③。

党的十八大以来，法治工作队伍建设在习近平法治思想中获得空前强调，法治工作队伍建设在全面推进依法治国工作格局的地位和作用分外突显。2014年10月，党的十八届四中全会通过《中共中央关于全面推进依法治国若干重大问题的决定》，决定专篇提出加强法治工作队伍建设的重要命题和重要部署，指出"全面推进依法治国，必须大力提高法治工作队伍思想政治素质、业务工作能力、职业道德水准，着力建设一支忠于党、忠于国家、忠于人民、忠于法律的社会主义法治工作队伍，为加快建设社会主义法治国家提供强有力的组织和人才保障"。该决定还就建设高素质法治专门队伍、加强法律服务队伍建设和创新法治人才培养机制等三个方面对法治工作队伍建设的加强作出了具体谋划④。在该决定获得通过的同时，习近平总书记指出应"着力加强法治工作队伍建设"，因为"全面推进依法治国，建设一支德才兼备的高素质法治队伍至关重要"，他还就立法、执法、司法三支队伍和律师队伍建设提出了具体要求⑤。2018年8月，习近平总书记指出全面依法治国的指导思想、发展道路、工作布局和重点任务概括起来共有十个方面，其中之一就是"坚持建设德才兼备的高素质法治工作队伍"，并认为"全面推进依法治国，必须着力建设一支忠于党、忠于国家、忠于人民、忠于法律的社会主义法治工作队伍"⑥。2019年1月，习近平总书记又强调应加快推进政法领域全面深化改革，加快推进政法队伍革命化、正规化、专业化、职业化建设⑦。2020年11月，中央全面依法治国工作会议将"坚持建设德才兼备的高素质法

① 胡锦涛：《胡锦涛文选》第二卷，人民出版社，2016，第463页。

② 胡锦涛：《胡锦涛文选》第二卷，人民出版社，2016，第637页。

③ 胡锦涛：《胡锦涛文选》第三卷，人民出版社，2016，第32页。

④ 中共中央文献研究室：《十八大以来重要文献选编》（中），中央文献出版社，2014，第174-176页。

⑤ 习近平：《习近平谈治国理政》第二卷，外文出版社，2017，第122-123页。

⑥ 习近平：《习近平谈治国理政》第三卷，外文出版社，2020，第286页。

⑦ 习近平：《习近平谈治国理政》第三卷，外文出版社，2020，第352页。

治工作队伍"确定为习近平法治思想的重要内容之一。2021年12月，习近平总书记强调，我们要"着力建设一支忠于党、忠于国家、忠于人民、忠于法律的社会主义法治工作队伍"①。

可见，与既往中国特色社会主义法治思想相比较，习近平法治思想关于坚持建设德才兼备的高素质法治工作队伍的重要论述具有以下明显的创新之处：第一，法治工作队伍的外延或范围发生了重大变化，由既往中国特色社会主义法治理论中的立法队伍、司法队伍、政法队伍，发展为习近平法治思想中的法治队伍，涵摄范围愈加广泛。其中既有法治专门队伍，又有法律服务队伍，还有教师队伍和后备人才队伍。这适应了全面依法治国的"全面"工作布局的要求。第二，建设内涵发生了显著变化，由既有中国特色社会主义法治理论中的业务或专业建设，到德才兼建、德才兼备，既注重正规化、专业化和职业化建设，又注重思想政治素质和职业道德水准建设，并以"忠于党、忠于国家、忠于人民、忠于法律"作为社会主义法治工作队伍建设的目标。

十一、坚持抓住领导干部这个"关键少数"

中国特色社会主义法治理论向来重视领导干部在法治建设中的重要作用，也历来强调领导干部在法治建设中肩负着不同于普通社会公众的重要责任。

党的十一届三中全会之后，邓小平民主法制思想主张领导干部应认识到法制建设的重要意义，带头学法、懂法，严格依法办事，维护社会主义法制的权威。1982年9月，党的十二大批评"一些负责干部"，"对法制建设的重要性还认识不足"②。1986年7月，党中央发出通知，要求各级干部要自觉接受法制的约束，养成依法办事的习惯，并提出"领导干部一定要充分认识到加强法制的极端重要性，把法制建设视为己任，时时处处自觉地维护法制。凡是有利于健全、完善社会主义法制的事，就积极去做；凡是不利于健全、

① 习近平：《坚定不移走中国特色社会主义法治道路　更好推进中国特色社会主义法治体系建设》，《人民日报》2021年12月8日第1版。

② 中共中央文献研究室：《十二大以来重要文献选编》（上），中央文献出版社，2011，第29页。

完善社会主义法制的事，就坚决不做"①，"越是领导机关，越是领导干部，越要带头学法、懂法，严格依法办事，不做违宪、违法的事"②。

　　党的十三届四中全会之后，实行依法治国基本方略、建设社会主义法治国家的思想注重通过法制教育提高领导干部的法制观念和依法办事的能力，进而维护社会主义法制的统一，并将领导干部依法决策、依法行政视为依法治国的重要环节。1990年3月，江泽民要求"所有党组织、党员尤其是领导干部的言行，都不得同宪法和法律相抵触"③。1991年7月，江泽民提出"进一步健全社会主义法制，加强对群众、特别是各级干部的法制教育"④。1996年2月，江泽民指出"干部依法决策、依法行政是依法治国的重要环节"，领导干部通过"对法律和法学知识的学习"，能够"掌握和提高运用法律手段管理经济社会事务的本领"，"为坚持依法治国打下坚实的思想基础"⑤。1997年2月，江泽民指出"各级干部特别是领导干部都要从自身做起，带头维护国家的政令和法制统一，自觉反对和防止地方保护主义、部门保护主义"⑥。1997年9月，党的十五大决定"加强执法和司法队伍建设。深入开展普法教育，增强全民的法律意识，着重提高领导干部的法制观念和依法办事能力"⑦。

　　党的十六大以后，实行依法执政基本方式、建设社会主义法治国家的思想主张领导干部要带头学法、懂法、用法，模范遵守法律，提高依法办事的能力。2003年2月，胡锦涛要求"党员、干部特别是领导干部，都要成为遵守宪法法律的模范"⑧。2003年7月，胡锦涛指出"各级领导干部要带头学

---

　　① 中共中央文献研究室：《十二大以来重要文献选编》（下），中央文献出版社，2011，第23-24页。

　　② 中共中央文献研究室：《十二大以来重要文献选编》（下），中央文献出版社，2011，第24页。

　　③ 江泽民：《江泽民文选》第一卷，人民出版社，2006，第113页。

　　④ 江泽民：《江泽民文选》第一卷，人民出版社，2006，第158页。

　　⑤ 江泽民：《江泽民文选》第一卷，人民出版社，2006，第512-513页。

　　⑥ 江泽民：《江泽民文选》第一卷，人民出版社，2006，第644-645页。

　　⑦ 江泽民：《江泽民文选》第二卷，人民出版社，2006，第31页。

　　⑧ 胡锦涛：《胡锦涛文选》第二卷，人民出版社，2016，第32-33页。

法、懂法、用法，支持和督促有关部门严格执法、秉公执法"①。2011年3月，胡锦涛又提出"要加强法制宣传教育，增强全社会法律意识和法治观念，特别是要提高党员领导干部依法办事能力，形成法律面前人人平等、人人自觉学法守法用法的社会氛围"②。

　　党的十八大以来，习近平法治思想在既有中国特色社会主义法治理论成果的基础上，更加注重领导干部在全面依法治国的重要作用，并就此提出了一项新的理念思想和战略。2012年11月，党的十八大指出要提高领导干部运用法治思维和法治方式深化改革、推动发展、化解矛盾、维护稳定能力③。2013年2月，习近平总书记要求"各级领导干部要带头依法办事，带头遵守法律。各级组织部门要把能不能依法办事、遵守法律作为考察识别干部的重要条件"④。2013年11月，刘云山将"领导干部要自觉运用法治思维和法治方式，更好地深化改革、推动发展、化解矛盾、维护稳定"⑤确定为习近平总书记关于依法治国的重要论述之一。2014年10月，习近平总书记指出，"要发挥好党组织和广大党员、干部在依法治国中的政治核心作用和先锋模范作用"，"各级领导干部在推进依法治国方面肩负着重要责任"，"必须抓住领导干部这个'关键少数'，首先解决好思想观念问题，引导各级干部深刻认识到，维护宪法法律权威就是维护党和人民共同意志的权威，捍卫宪法法律尊严就是捍卫党和人民共同意志的尊严，保证宪法法律实施就是保证党和人民意志的实现"，"我们必须认认真真讲法治、老老实实抓法治。各级领导干部要对法律怀有敬畏之心，带头依法办事，带头遵守法律，不断提高运用法治思维和法治方式深化改革、推动发展、化解矛盾、维护稳定能力"，"要把法治建设成效作为衡量各级领导班子和领导干部工作实绩重要内容，把能不能遵守法律、依法办事作为考察干部的重

---

　　① 胡锦涛：《胡锦涛文选》第二卷，人民出版社，2016，第73页。

　　② 胡锦涛：《胡锦涛文选》第三卷，人民出版社，2016，第511页。

　　③ 中共中央文献研究室：《十八大以来重要文献选编》（上），中央文献出版社，2014，第22页。

　　④ 习近平：《习近平谈治国理政》，外文出版社，2014，第146页。

　　⑤ 给中央文献研究室：《十八大以来重要文献选编》（上），中央文献出版社，2014，第464页。

要依据"①。2015年2月，习近平总书记又强调，"各级领导干部在推进依法治国方面肩负着重要责任，全面依法治国必须抓住领导干部这个'关键少数'。领导干部要做尊法学法守法用法的模范，带动全党全国一起努力，在建设中国特色社会主义法治体系、建设社会主义法治国家上不断见到新成效"②。2016年10月，党的十八届六中全会通过《关于新形势下党内政治生活的若干准则》，规定"党的各级组织和领导干部必须在宪法法律范围内活动，增强法治意识、弘扬法治精神，自觉按法定权限、规则、程序办事，决不能以言代法、以权压法、徇私枉法，决不能违规干预司法"③。2016年12月，习近平总书记又重申"要发挥领导干部在依法治国和以德治国中的关键作用"，领导干部"应该做全面依法治国的重要组织者、推动者"，领导干部带头学法、模范守法是全面依法治国的关键④。2018年8月，习近平总书记将"坚持抓住领导干部这个'关键少数'"确定为全面依法治国的十个方面内容之一，指出"领导干部具体行使党的执政权和国家立法权、行政权、监察权、司法权，是全面依法治国的关键。领导干部必须带头尊崇法治、敬畏法律，了解法律、掌握法律，遵纪守法、捍卫法治，厉行法治、依法办事，不断提高运用法治思维和法治方式深化改革、推动发展、化解矛盾、维护稳定的能力，做尊法学法守法用法的模范，以实际行动带动全社会尊法学法守法用法"⑤。2020年11月，中央全面依法治国工作会议将"坚持抓住领导干部这个'关键少数'"确定为习近平法治思想的重要内容之一。2020年2月，习近平总书记指出，"各级领导干部必须强化法治意识，带头尊法学法守法用法，做制度执行的表率"⑥。2021年12月，习近平总书记强调，"各级党委要担负好主体责任，聚焦重大部署、重要任务、

---

①　习近平：《习近平谈治国理政》第二卷，外文出版社，2017，第115-116页。

②　习近平：《习近平谈治国理政》第二卷，外文出版社，2017，第126页。

③　中共中央党史和文献研究院：《十八大以来重要文献选编》（下），中央文献出版社，2018，第436页。

④　习近平：《习近平谈治国理政》第二卷，外文出版社，2017，第135页。

⑤　习近平：《习近平谈治国理政》第三卷，外文出版社，2020，第287页。

⑥　中共中央文献研究室：《论坚持全面依法治国》，中央文献出版社，2020，第276页。

重点工作，加强组织领导，主动担当作为，力戒形式主义、官僚主义"①。2022年10月，习近平总书记指出，"我们的党员、干部，不论在职还是从工作岗位上退下来了，无论在什么时候、什么地方、什么场合，都要始终牢记自己是一名共产党员，都要始终发挥先锋模范作用，都要始终坚持和维护党的领导、维护党的团结统一"②。

　　可见，习近平法治思想在中国特色社会主义法治理论成果的基础上，创新和发展了中国特色社会主义法治理论，提出了"坚持抓住领导干部这个'关键少数'"的重要论断：第一，领导干部是全面依法治国的"关键少数"，在全面依法治国中占据着重要地位，肩负着重要责任；第二，领导干部具体行使着党的执政权和国家立法权、行政权、监察权和司法权，是全面依法治国的重要组织者和推动者；第三，党组织在全面依法治国中发挥政治核心作用，领导干部在依法治国中发挥先锋模范作用，领导干部应带头尊法学法用法守法，以实际行动带动全社会尊法学法用法守法；第四，领导干部应提高运用法治思维和法治方式深化改革、推动发展、化解矛盾、维护稳定的能力；第五，应把法治建设成效作为衡量各级领导班子和领导干部工作实绩的重要内容，把能不能遵守法律、依法办事作为考察干部的重要依据。

① 习近平：《坚定不移走中国特色社会主义法治道路　更好推进中国特色社会主义法治体系建设》，《人民日报》2021年12月8日第1版。
② 习近平：《在党的十九届七中全会第二次全体会议上的讲话》，《求是》2022年第23期，http://www.qstheory.cn/dukan/qs/2022-11/30/c_1129172677.htm。